# FP 教本

金融商品

# 目　次 contents

## 第1章　預貯金・その他の商品

### 第1節　預貯金

### 第2節　その他の商品

### 第3節　金利・利回り計算の仕組み

## 第2章　投資信託

### 第1節　投資信託の仕組みと分類

### 第2節　投資信託商品の特徴

# 第3章 債券投資

## 第1節 債券の仕組みと特徴

## 第2節 債券のリスク

## 第3節 特殊な債券

## 第4節 債券の利回り計算

# 第4章　株式投資

## 第1節　株式の仕組みと分類

## 第2節　株式の取引

## 第3節　株式投資に関する評価指標

## 第4節　決算書の見方

## 第5節　決算書の分析

# 第5章 外貨建て商品

## 第1節 外国為替市場と指標

## 第2節 外貨建て商品の仕組みと特徴

# 第6章 金融派生商品

## 第1節 デリバティブの概要と種類

## 第2節 先物取引

# 第8章　金融商品と税金

# 第9章　セーフティネット

# 第10章　関連法規

# 第 1 章
## 預貯金・
## その他の商品

# 第 **1** 節

# 預貯金

## ① 預金

### (1) 流動性預金

#### ① 普通預金

　いつでも自由に預入れ、払戻しができる預金であり、生活口座として個人に最もよく利用されている。預入金額に制限はないが、金利が低いため公共料金やクレジットカードなどの引落口座や給与の振込口座、あるいは年金、配当金の受取口座として利用される。総合口座とすることで、「受け取る」「借りる」「貯める」「支払う」の4つの機能を1冊の通帳で利用できる。

#### ② 貯蓄預金

　いつでも出し入れができるが、一般的に、一定金額以上の残高があれば普通預金に比べて高い金利がつく。普通預金に比べて高い金利は、「10万円型」「30万円型」などといった基準残高以上の場合に適用されるものと、毎日の最終残高に応じて適用されるものがある。また、金利は原則として毎月1回見直される。

　普通預金のように公共料金などの引落し（決済口座）や、給与、年金などの振込口座として利用することはできない。ただし、同一名義人の普通預金との間で、一定期間ごとに預金を振り替えるスイングサービスを利用することができる。

#### ③ 通知預金

　預入後7日以上据え置き、2日前までに通知して払い出すことができる預金である。金利は据置期間がある分、一般に普通預金よりも高くなっている。一部の払戻しは認められず、全額解約しなければならない。利息は元本の払出時に一括して受け取る。

#### ④ 当座預金

　当座勘定取引に基づき、預金者が振り出す手形・小切手の支払資金として預け入れられ

る預金である。一般的には個人事業主、法人の資金決済口座として利用する場合がほとんどである。当座預金は、無利息で預入れ、払戻しに制限はなく、現金を払い戻すときは小切手を振り出して、支払を受けることになる。なお、決済用預金であるため、金融機関破綻時も全額保護される。

### ⑤　決済用預金

　ペイオフ実施後も、預金保険制度により**全額保護**されることを目的に新設された預金である。決済用預金とは、①無利息、②要求払い（つまり預金者の要求に従っていつでも払戻しができること）、③決済サービスを提供できること、の3条件を満たし、ペイオフに際して全額保護となる預金種類のことで、従来ある当座預金なども該当する。当座預金などは法人を主な利用者とする設計となっていることから、個人などに対する上記3条件を満たす使い勝手のよい預金の提供を目的としている。多くは従来ある普通預金に無利息という条件を設けることで対応しているため、必ずしも金融機関の店頭等で「決済用預金」という名称が用いられているとは限らない。

## (2) 定期性預金

### ①　スーパー定期

　定期預金の代表的商品である。基本的には固定金利であり、各金融機関が自由に金利を設定できる。期間3年未満については単利、3年以上では単利と半年複利（個人利用に限る）の選択ができるタイプが多い。通常、預入期間は1カ月から10年で、中途解約の場合は、中途解約日までの日数に応じて各金融機関が定めた金利が適用される。なお、預入額が300万円以上のものを「スーパー定期300」と呼ぶ。

　金利は、預入期間が長くなるほど、預入金額が大きくなるほど優遇されるが、近年は低金利のため、ほとんど差がない金融機関も多くある。

### ②　大口定期預金

　1,000万円以上の定期預金である。通常、定期預金のなかで最も高い金利が設定されるのだが、上記のスーパー定期同様に他の定期預金や普通預金と変わらない金利の金融機関も多い。金利は固定金利で、一部の銀行を除き単利型のみである。通常は一部解約ができない。預入期間については、自動継続ができる定型方式と、期日指定方式（自動継続はできない）があり、1カ月から10年であるが、金融機関により取扱いが異なる。

### ③　期日指定定期預金

　満期日を自由に設定できる（最長3年としているところが多い）。据置期間（1年）経過後に満期日（引出日）を指定することにより、全額あるいは一部を引き出すことができ

る。最長預入期間（3年）の当日以外の場合、解約1カ月以上前に満期日を指定すること
が必要な場合もある。金利は1年複利で、満期時に一括して利息に課税される。利用は個
人に限られている。

#### ④　自動積立定期預金

　　毎月1,000円（金融機関により異なる）以上の一定額を普通預金口座から自動的に振り
替えて積み立てる預金で、結婚・旅行資金など目的に合わせた資金作りができる。一般的
に、毎年1回それまでに積み立ててきた預金を自動的にまとめ、1つの定期預金にしてい
く仕組みがとられている。金額が300万円、1,000万円に達するとスーパー定期300や大口
定期預金などに切り替えられる。

　　積立額をボーナス時期に増額したり、普通預金口座の残高に余裕が生じたときに、毎月
の積立てとは別に積み立てられる仕組みのものもある。

#### ⑤　変動金利定期預金

　　6カ月ごとに適用金利が見直される変動金利型の定期預金である。金利は、6カ月物ス
ーパー定期の金利をベースに各金融機関が独自に決定し、6カ月ごとにその時点での6カ
月物スーパー定期の金利を基準に変更される。3年以上の預入れは、単利と半年複利（個
人利用に限る）の選択ができ、3年未満は一般的に単利となっている。利息は、単利の場
合は半年ごとに、半年複利の場合は満期日に一括して支払われる。中途解約は中途解約利
率が適用される。なお、長期金利に連動して6カ月ごとに金利が見直される長期金利連動
型変動金利定期預金もある。

#### ⑥　一定期間据置後解約自由型定期預金

　　一定期間（一般に6カ月）据置後いつでも自由に解約でき、また預入期間（一般的に5
年または10年が最長）が長くなるほど適用金利が高くなる定期預金である。ゆうちょ銀行
の定額貯金と類似した商品である。金利は半年複利で、預入期間に応じて段階的に適用金
利が設定されている。また、引出し後の残高に制限があったり、預入額により異なる金利
を設定しているものもある。据置期間中に解約した場合は、普通預金並みの金利が適用さ
れる。

#### ⑦　定期積金

　　一定の契約期間内に、定期的に一定金額を掛金として払い込み、満期日に一定の金額が
支払われる。積立預金と同じ機能をもつが、預金とは異なる契約であり、利息という概念
はない。信用金庫や信用組合、労働金庫、農漁協などが取り扱っている。

　　掛金の払込みは、毎日払い込む日掛けと、毎月払い込む月掛けがあり、月掛けが主流に
なっている。一般的に、積立期間は6カ月以上5年以内である（金融機関により異なる）。

払込金額の合計と満期時の支払額の差額、すなわち利息に相当するものを給付補てん金といい、金融類似商品として20.315％の源泉分離課税扱いとなっている。

## (3) その他の預金

### ① 譲渡性預金（CD）

預金者が金融市場で自由に譲渡することができる。預金額は通常5,000万円以上（近年では1,000万円以上のものもある）で、預入期間は5年以内である。譲渡のときは指名債権譲渡方式により、相手方の名称、金額、対価の額などの告知書が必要となる。

### ② 外貨預金

米ドル、ユーロなどの外国通貨建ての預金である。当座預金、普通預金、定期預金、通知預金があり、外国通貨の高金利や為替差益を得られる可能性がある。半面、預入期間中の為替相場の変動による為替リスクがあるが、為替リスクを回避するために為替先物予約を付ける方法もある。なお、**預金保険制度の対象外**である。

### ③ オプション付外貨定期預金（特約付外貨預金）

外貨定期預金にオプションを組み合わせた預金である。一般の外貨定期預金よりも大きな収益が得られる半面、為替リスクにより元本割れもあり得る。満期日の為替レートが設定レートより円安の場合、円で受け取り、円高の場合は外貨で受け取ることになる。

### ④ 仕組預金

一般の預金より高い金利が期待できる半面、一般の定期預金とは異なり、商品内容に応じて、銀行が預入日以降に満期日を選択できる権利を持っていたり、為替相場によって払戻時の通貨等が決まったりするなど、一般の預金にはない特徴がある。外貨預金の仕組預金もある。

### ⑤ 後見制度支援預貯金

後述の後見制度支援信託は、主に信託銀行での取扱いとなるが、「後見制度支援預貯金」は銀行や信用金庫などの金融機関で取扱いがある（取扱金融機関によって「後見預金」や「後見制度支援預金」等の名称としている）。

預金種別は普通預金（または無利息型の決済用普通預金と併用。預金保険制度の保護の対象）となり、取引は家庭裁判所が成年後見人に対して発行する「指示書」に基づいて行う。成年後見人が管理する小口預金口座へ、一定金額を一定期間ごとに資金移動させる機能を有し、この資金移動（金額の変更を含む）も家庭裁判所が発行する指示書に基づいて行う。なお、口座開設は専門職後見人（弁護士・司法書士等）以外でも行える（家庭裁判所の判断による）。具体的なスキームは〔図表1-1〕参照。

〔図表1-1〕後見制度支援預貯金のスキーム

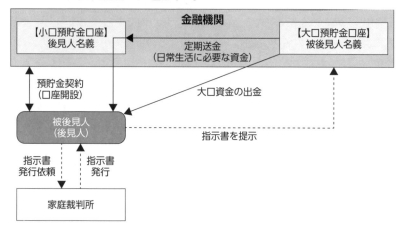

**後見制度支援預貯金**

◆被後見人の金銭を大口預貯金口座と小口預貯金口座において管理。
◆日常生活に用いる資金は、大口預貯金口座から小口預貯金口座へ定期送金。
◆以下の取引では、家庭裁判所の指示書が必要。
　・支援預貯金契約時（口座開設時）
　・定期送金額の設定時
　・大口預貯金口座からの出金時　等

（出所）「金融庁後見制度支援預貯金・後見制度支援信託導入状況（令和5年11月17日）」
（金融庁）https://www.fsa.go.jp/news/r5/ginkou/20231117/20231117.pdf の一部を加工して作成

# ❷ 貯金

　ゆうちょ銀行で取り扱われている商品には次のようなものがある。ゆうちょ銀行の預入限度額は、「通常貯金」1,300万円、「定額・定期貯金」1,300万円の、計2,600万円である。

## ① 通常貯金

　預入れ、引出しがいつでも自由にできる決済機能のある貯金である。預入れは1円以上1円単位で、口座開設には現金は不要である。定額貯金や定期貯金などとセットして総合口座とする場合、「借りる」「貯める」「使う」などの機能を1冊の通帳で利用できる。

## ② 通常貯蓄貯金

　他の民間金融機関の貯蓄預金と商品内容はほとんど同じであり、キャッシュカード等による出し入れは自由にできるが、決済機能は付いていない。10万円以上の残高があれば、通常貯金よりも有利な利息がつく。残高が10万円を下回っている場合には、通常貯金より

も低い金利となる（金融情勢等によっては通常貯金と同一金利になる場合がある）。

③ **定額貯金**

　預入後6カ月経過すれば、いつでも引出しができ、半年複利で運用するため、長く預けるほど有利となる（最長10年間預けられる）。金利は期間に応じて設定され、基本的に期間が長いほど利回りは高くなる（金融情勢によってはこの限りではない）。なお、預入日から起算して10年経過後は通常貯金の利率を目安とした利率が適用になる。

　利息は満期時に一括受取（課税の繰延べ効果が得られる）となる。

　なお、10年経過後、自動的に払い戻し、払戻金の全部を通常貯金に振り替えて預入する「満期振替預入の取扱い」も利用することができる。

④ **定期貯金**

　他の民間金融機関のスーパー定期とほぼ同様の商品内容である。預入期間は1カ月（担保定期貯金を除く）から5年であり、預入期間3年未満は単利、3年以上は半年複利で計算する。

# 実務上のポイント

・貯蓄預金は、給与、年金、配当金の受取りや公共料金の自動引落しには利用できない。
・デリバティブを組み込んだ仕組預金は原則、中途解約できない。また、金融機関の判断により、満期日が繰り上げられたり繰り下げられたりする可能性がある。

## 第2節 その他の商品

### ❶ 信託商品

「信託」とは、自分（**委託者**）の財産権を他人（**受託者**）に移して、自己または第三者（**受益者**）のために管理または処分させることをいう。

資産運用商品としての信託商品は、委託者＝受益者である顧客が受託者である信託銀行等に金銭を信託し、それが有価証券などで運用され、信託終了時に金銭で返還される合同運用指定金銭信託（多数の人が信託した金銭をまとめて運用するもの。これに対し、信託契約ごとに信託財産を分けて別々に運用するタイプを単独運用指定金銭信託という）が一般的である〔**図表1−2**〕。

#### ① 金銭信託（合同運用指定金銭信託（一般口））

金銭信託は、信託法等に信託期間を制限する定めはなく、自由に信託期間を設定できるため、いろいろなタイプの商品が設計されている。

預入方法には、最初に一括して預入満期まで据え置く方法（据置方式）と、一定期間継続的に積み立てていく方法（積立方式）とがあり、積立方式の場合、最後に預け入れた日から2年間は据え置くことが条件となっている。

予定配当率が他の預貯金とのバランスにより決定される変動金利型の商品である。

#### ② ヒット

合同運用指定金銭信託の一種で、基本的な仕組みは金銭信託と同じである。1カ月据え置けば、いつでも手数料なしで払い出せる。予定配当率は市場金利等を踏まえ、原則1カ月ごとに各信託銀行が独自に見直す変動金利型で、預金保険制度の対象外となっている。

#### ③ 実績配当型金銭信託（ユニット型）

合同運用指定金銭信託の一種で、一般の金銭信託のように予定配当率は表示されず、運用実績により配当を行う実績配当商品で、運用次第でハイリターンが期待できる。元本が確保されるとは限らず、また預金保険制度の対象外である。預入金額は、一般的には100

第1章

〔図表1-2〕信託の分類

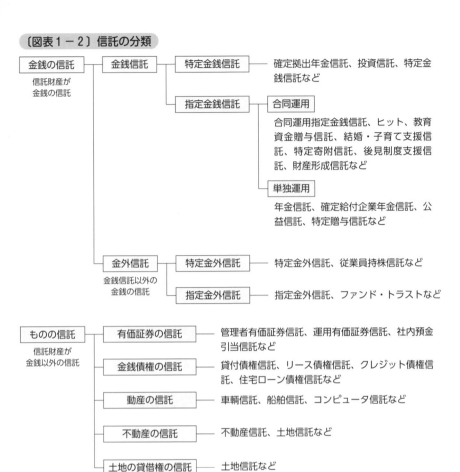

万円以上1万円単位で、中途解約は原則としてできないが、1年経過後は手数料を払えば可能である。

**④ 特定金銭信託（特金）**

委託者が運用方法を特定した金銭信託で、単独で運用するものをいう。

売買益は利子および配当と合わせて信託収益配当金とされ、インカムゲインとして扱われる。また、運用有価証券の管理および運用事務等は信託銀行等が行うなどの利点もある。

**⑤ ファンド・トラスト（単独運用指定金外信託）**

信託終了時に運用財産のまま返還される「金銭信託以外の金銭の信託」（金外信託）で、委託者の指定した運用方法の範囲内において運用する単独運用の商品である。

### ⑥ 特定贈与信託

特定障害者（障害の程度により、「特別障害者」「特別障害者以外の特定障害者」に分けられる）の生活の安定を目的に、親族、篤志家などの個人（委託者）が特定障害者を受益者として、信託銀行等（受託者）に財産を信託して特定障害者扶養信託契約を締結し、定期的に金銭を交付する商品である。信託財産としては金銭、有価証券、不動産等が可能であるが、実務上はほとんどの信託銀行等が金銭を受託している。信託財産については、特別障害者（重度の心身障害者）の場合は6,000万円まで、特別障害者以外の特定障害者の場合は3,000万円まで、贈与税が非課税とされる。

### ⑦ 公益信託

個人や法人が、社会福祉、学術研究、環境保護などの公益目的のために財産を拠出して信託銀行等に信託し、主務官庁の許可を受けて信託銀行等と公益信託契約を締結後、公益目的の助成金を交付するものである。

信託財産は金銭、有価証券、金銭債権、動産、不動産等であるが、原則として一定額以上の金銭としているところが多い。なお、税制上の優遇措置が設けられている特定公益信託および認定特定公益信託の場合は、信託財産は金銭に限られる。

### ⑧ 暦年贈与信託

暦年贈与信託は、委託者と受託者（信託銀行など）との間で信託契約を締結し、委託者が拠出した信託財産を受益者に毎年贈与する仕組みの信託である。贈与する金額や受贈者は贈与の都度変更することができるほか、贈与の都度受贈者の意思確認も行われる。

なお、暦年贈与信託の贈与金額に上限はない。

### ⑨ 後見制度支援信託

後見制度支援信託は、認知症などで判断能力が低下した人の財産を保護することを目的としている。最低預入金額や口座開設時の手数料は、取扱金融機関によって異なる。本商品の特徴は、信託銀行等が、あらかじめ家庭裁判所が発行する指示書に基づいて金銭信託を設定し、安全に運用しながら定期的に一定額の金銭を分割交付することができるほか、分割交付以外の信託金の全部または一部の解約は、家庭裁判所の指示書に基づく場合を除き禁止されている点にある。これにより、被後見人の財産を計画的に利用し、適切に管理することができる。

なお、後見制度支援信託は、成年後見と未成年後見において利用することができるが、保佐、補助、任意後見では利用することができない。

### ⑩ 教育資金贈与信託

教育資金贈与信託は、孫等の教育資金として祖父母等が信託銀行等に金銭等を信託した

場合に、1,500万円（学校等以外の教育資金の支払に充てられる場合には500万円）を限度として贈与税が非課税になる信託である。この信託では、贈与をする者（委託者）は、贈与を受ける者の祖父母等の直系尊属に限られ、また、贈与を受ける者（受益者）は、信託を設定する日において30歳未満、かつ前年の合計所得金額が1,000万円以下の個人に限られている。委託者は受益者の直系尊属であれば年齢制限はない。

⑪ **結婚子育て支援信託**

結婚子育て支援信託は、孫等の結婚・出産・子育て資金として祖父母等が信託銀行等に金銭等を信託した場合に、1,000万円（結婚関連費用の支払に充てられる場合には300万円）を限度として贈与税が非課税となる信託である。この信託では、贈与をする者は、贈与を受ける者の祖父母等の直系尊属に限られ、また、贈与を受ける者は、信託を設定する日における年齢がその年の1月1日において18歳以上50歳未満、かつ前年の合計所得金額が1,000万円以下の個人に限られている。

⑫ **家族信託**

高齢者の資産の蓄積や核家族化の進展により、財産の円滑な承継を行うための有効な手段として、家族信託に関心が高まっている。本人が生存中は本人を受益者とし、死亡後は本人の子・配偶者などを受益者とする「遺言代用の信託」や、本人の生存中は本人を受益者とし、死亡後は本人の配偶者を、配偶者の死亡後はさらに本人の子を連続して受益者とする「後継ぎ遺贈型の受益者連続信託」がある。遺言代用信託を利用すれば、遺言（書）がなくても信託契約で指定した者に財産を残すことができる。

⑬ **生命保険信託**

生命保険信託は、委託者が保険会社と締結した生命保険契約に基づく保険金請求権を信託銀行等に信託し、委託者の相続が開始した際には、信託銀行等が保険金を受け取り、受益者に対してあらかじめ定められた方法により給付する信託である。

⑭ **遺言代用信託**

遺言代用信託は、委託者の生存中は委託者が第一受益者となり、委託者の死亡後は委託者があらかじめ指定した者が第二受益者となる信託であり、第二受益者に対する給付は、一時金のほか、定期的に一定額を給付することも可能である。第二受益者について、法令上特に制限はない。

⑮ **特定寄附信託**

公益法人や認定特定非営利活動法人（認定NPO）等への寄附による社会貢献活動のために、信託銀行等に金銭等の財産を信託する制度で、寄附する公益法人等を信託銀行等がリストアップした寄附先から指定することができ、寄附先は毎年変更することもできる。

寄附金については寄附金控除の対象となり、信託財産の運用収益は非課税である。

## ② 金融債

　金融債は、特定の金融債発行金融機関が発行する債券で、利付金融債と割引金融債があるが、現在は利付金融債のみが発行されている。割引金融債はすべて償還されたため残高はない。発行金融機関と、その販売委託を受けた証券会社が取り扱っている。

　利付金融債には、個人投資家向けの「売出債」と「募集債」があるが、現在は「募集債」のみが発行されている。募集債の最低購入金額は1,000万円で、購入単位も1,000万円となっている（5,000万円以上5,000万円単位のものもある）。

## ③ 貴金属関連商品

　貴金属への投資は、金などの貴金属そのものを購入する形態のほかに、純金積立など金融商品に類似する形態のものがある。

### (1) 主な貴金属の特性

#### ① 金

持ち運びが簡単で、分割しても価値が減ることはなく、また品質が均等で万国共通の価値があるという特徴がある。金への投資の主な利点は以下のとおりである。

- 換金性が高く国際性がある（金地金は当日の市場価格で転売、換金ができ、現物で受け取ることもできる）
- 長期的にみてインフレに強い
- 少額資金で小口投資ができる（純金積立など）
- 株式や社債などのように発行会社の倒産などで無価値になることはない
- 有事のときにも、国際的に通用する財産である

日本では、金地金（採掘された金が精製されて地金として保管される。地金は金属製品に加工される前の素材）の品位フォー・ナイン（99.99％）が取引の対象となっている。

#### ② 白金（プラチナ）

プラチナは加工しやすく光沢も美しいことから、日本では主に宝飾用として利用されて

いるが、世界的にみると、自動車触媒、電気、化学などの工業用の利用が約半分を占め、次いで宝飾用の利用となっている。なお、金と比べるとプラチナの供給量は19分の1程度で、価格変動（ボラティリティ）が大きく、産出国（南アフリカ、ロシア等）の政治・経済動向やドル相場、国際金融動向、インフレ、環境問題などが価格に影響する。

### ③　銀

世界の銀の需要は、宝飾用、写真フィルム、貨幣用の3つでほとんどを占めている。

したがって、銀相場に与える影響は、こうした需要動向が大きくかかわる。ただし、単に消耗されるものではなく、再生、回収あるいはストックされるものであるため、需要増が直ちに需給バランスを崩すとはいえない。日本では、写真工業用、電機電子工業用、銀メッキなどの工業用の需要が増加している。

## (2) 金投資の方法

金への投資として、金そのものを地金や金貨で購入するほかに、純金積立や金先物取引等がある。

なお、金の現物取引はロンドンでの受渡しを条件とするロコ・ロンドン取引の価格が世界的な指標として使われている。価格は1トロイオンス（＝31.1035グラム）当たりの米ドルで示される。日本国内の価格も、基本的にはロコ・ロンドン価格が円建て、グラム単位に換算されたもので、国際価格だけでなく為替相場の影響も受けることになる。

### ①　純金積立

個人を主な対象とした少額の資金で始められる金投資商品である。購入金額は通常、月額3,000円以上1,000円単位で、その額を取扱会社の1カ月の営業日数で除し、**毎日**一定額で金を買い付ける。すなわち、ドルコスト平均法の効果が得られることになる。貴金属商、商品取引会社、商社、銀行、証券会社などが取り扱っている（純金積立における保管方法が消費寄託の場合、顧客が購入した金の所有権は純金積立の運営会社に帰属することになるが、顧客はいつでも預けた金の返還を請求することができる）。

中途売却は可能であるが、金相場次第で購入元本を下回ることもある。時価での換金や、金地金での受取り、金貨やジュエリーへ交換することもできる。

純金積立は、**購入時**に**消費税**が**課税**されるが、**換金時**には消費税分が売却額に上乗せされる。消費税は売買によって相殺される形になるが、換金時に消費税率が上がっていると、上がった消費税分が多く戻ってくることになる。

なお、給与所得者が金地金を売却したことによる所得は、原則として譲渡所得となる（営利を目的として継続的に金地金の売買をしている場合の所得は、事業所得または雑所

得となる）。当該譲渡所得は総合課税の対象となり、譲渡した時点における所有期間が5年以下である場合は短期譲渡所得、5年超の場合は長期譲渡所得となる。

ただし金地金は、ゴルフ会員権や別荘と同様、「生活に通常必要でない資産」とされており、その譲渡損失について、他の所得の金額と損益通算することはできない。

## ② 金先物取引

金相場の先行きを予想して売買するハイリスク・ハイリターンの先物取引で大阪取引所で取引が行われている。将来のある時期（12カ月以内の偶数月）に金をいくらの価格でどれだけの量を買うか（または売るか）を契約し、期限が到来したら決済を行う。期限前に反対売買（決済）し、取引を手仕舞うこともできる。少額の資金で大きな取引が可能なため、相場予測が当たれば大きな利益が得られるが、逆に外れると大きな損失を被ることになる。

取引単位は1枚（1キログラム）である。また、取引単位を1枚（100グラム）とする金先物ミニ取引（金ミニ）もある。

## ③ 金ETF

基準価額が金価格に連動する上場投資信託である。取引所の立会時間中であれば、いつでも成行注文や指値注文による売買が可能である。現物を確保するタイプのものと確保しないタイプのものがある。また、ETN（上場投資証券）にも金価格に連動するものがある。

## 実務上のポイント

- 特定贈与信託は、特定障害者の生活の安定に資することを目的に設定される。
- 暦年贈与信託は、委託者と受益者の間で贈与契約に係る意思確認が行われ、原則として年1回、受託者が受益者の口座に振込送金する。暦年贈与における贈与税の基礎控除額110万円を超える給付も可能である。
- 教育資金贈与信託は、直系尊属に対して教育資金を贈与することを目的に設定される。受益者は信託契約を締結する日において30歳未満の者に限られ、受益者1人当たり1,500万円まで贈与税が非課税とされる。
- 純金積立は、一般に、毎日一定額を積立方式により投資する（ドルコスト平均法）。積み立てた金は時価で換金できるほか、金地金で受け取ることもできる。

## 第**3**節
# 金利・利回り計算の仕組み

## **1** 単利と複利

### (1) 単利

単利とは、最初に預け入れた元本に対して利息が計算される方法である。

---
**満期時の元利合計（単利）**

$$元本 \times (1 + \frac{年利率}{100} \times 運用期間)$$

ただし、20.315%課税後の元利合計を計算する場合は、

$$元本 \times (1 + \frac{年利率}{100} \times 運用期間 \times 0.79685)$$

---

　例えば、年利3％の単利の金融商品に100万円を預け入れた場合、3万円（＝100万円×3％）の利息が毎年支払われることになる。したがって、1年後の元利合計は103万円、2年後の元利合計は106万円、3年後の元利合計は109万円となる。

　単利の代表的な商品に、国債、定期貯金（預入期間3年未満）、スーパー定期（預入期間3年未満）、変動金利定期預金（預入期間3年未満）、大口定期預金などがある。

### (2) 複利

　複利とは、一定期間ごとに支払われる利息を元本に加え、これを新しい元本として利息が計算される方法である。

---

**満期時の元利合計（複利）**

$$元本 \times (1 + \frac{利率}{100})^n$$

ただし、20.315％課税後の元利合計を計算する場合は、

$$元本 + \{元本 \times (1 + \frac{利率}{100})^n - 元本\} \times 0.79685$$

（※1）　一般的に利率（％）は年利率で示される。したがって、1年複利の商品であれば、上記算式のnは経過年数であるが、半年複利の商品であれば年利率を2で割った数値を上記算式の利率（％）とし、nは経過年数を2倍した数値となる。

（※2）　複利型の金融商品の多くは、利息発生の都度20.315％の課税が行われず、満期等まで課税が繰り延べられ、最終的な利息に対して課税される。上記の計算式はその場合のものである。

---

利息が再投資されるため、利息が利息を生む結果となる。たとえば、年利1％で1年複利の金融商品に100万円を預け入れた場合、1年後に1万円の利息が付くことになる。これを当初の元本に加え、101万円を新しい元本とみなして2年目の利息が計算される。したがって、2年目の利息は、1万100円（＝101万円×1％）となる。この1万100円を101万円に足して102万100円を3年目の元本とみなすわけである。

複利商品は利息が元本に加えられる期間によって1カ月複利、半年複利、1年複利の商品に分けられる。

## (3) 単利と複利の比較

金利（表面上の利率）が同じでも、単利と複利では複利のほうが有利である。また、同じ複利でも、利率が同じであれば利息が元本に加えられる期間が短いほうが有利である。

# ❷ 年平均利回り

年平均利回りとは、ある一定期間で得られる利息や収益が1年当たりでいくらになるかを計算し、それを預入れ当初の元本で割ったものをいう。

---

**年平均利回り（％）**

$$\frac{利息・収益合計}{運用期間} \div 元本 \times 100$$

---

　元金100万円を7％の1年複利で、5年間預けた場合の5年後の受取額は140万2,551円（＝100万円×（1＋0.07）5）となり、40万2,551円の収益を得ることになるが、これを年平均利回りに直すと、8.05％になる。この利回り計算方法は、預入期間3年以上の定期預金、定額貯金、預入期間3年以上のスーパー定期（複利型）など、複利で利息が付き、満期時に一括して利息が支払われるタイプの金融商品の金利表示方法として一般的であるが、実際に適用されている利率より年平均利回りのほうが高めになるので注意が必要である。

　また、金融商品の利息については、「利率」「利回り」という言葉が多く利用されているが、利率と利回りは明確にその意味が異なるため、十分に理解しておく必要がある。「利率」とは、上記のように1年間に受け取る利息の元本に対する割合をいう。たとえば、元金100万円を利率7％で運用した場合、1年後の利息は7万円になる。「利回り」とは、一定の元本が一定の期間にいくらの収益（利息）を生むかの割合である。たとえば、元金100万円が3年間で115万円になったとすると、100万円の元本が3年間で生んだ利回りは15％である。それを運用期間の3年間で割って算出された5％が年平均利回りである。

# ❸ 金利による商品分類

## （1）利払い型商品と満期一括受取型商品

　利払い方式による分類では、預入期間中に定期的に利息が支払われる「利払い型」と、満期時もしくは解約時に元本と一緒に一括して支払われる「満期一括受取型」との区別がある。

　利払い型の代表的な商品としては、預入期間3年未満の定期預金、預入期間3年未満のスーパー定期などがある。また、満期一括受取型の代表的な商品としては、定額貯金、期日指定定期預金、預入期間3年以上のスーパー定期、変動金利定期預金、預入期間3年以上の定期貯金などがある。

## （2）固定金利と変動金利

### ① 固定金利商品

　固定金利商品は、預入時の利率が満期まで変わらない商品である。高金利の商品を購入すれば、その金利が満期まで確保できるので、金利の高い局面はもちろん、金利が低下しつつある局面でも利用したい商品である。しかし、満期後に金利の低い局面となる場合に

備え、ポートフォリオを考えておく必要がある。代表的な商品として、スーパー定期、大口定期預金、定期貯金、定額貯金などがあるが、現在はどれも低金利である。

② **変動金利商品**

変動金利商品は、金利水準の変化に連動して、預入期間中でも適用利率が変動する商品である。金利の低い局面や、金利が上昇しつつある局面で利用したい商品である。商品によって、金利を見直す時期が異なっている。代表的な商品として、変動金利定期預金などがある。

# 第 2 章

# 投資信託

# 投資信託の仕組みと分類

投資信託とは、「複数の投資家から集めた資金を専門家が管理・運用し、その成果を分配金等で投資家に還元する」金融商品である。集めた資金の投資方法は投資信託（ファンド）ごとの運用方針に基づき専門家が行う。投資信託は預貯金とは異なり元本の保証はなく、高い収益を期待できる半面、投資額を下回り元本割れとなる可能性もある。

## ❶ 投資信託の仕組み

日本の投資信託は、1万4,000本以上のファンドによって構成されているが、大半が契約型と呼ばれるタイプの商品である。契約型投資信託は、委託者指図型と委託者非指図型に分けられる。委託者指図型投資信託は、販売、運用、保管・管理を受け持つ3者が、それぞれ役割を分担して運営を行っている。

なお、投資信託は主に証券投資信託と、不動産に投資する不動産投資信託に分けられる。本章ではそのうち証券投資信託を中心に学習する。

### (1) 投資信託の主な用語

#### ① 基準価額

各ファンドの値段を基準価額という。この基準価額は、純資産総額を総口数で除して算出し、1日に1回公表され、投資家が購入したり売却する際の目安の価額となる。なお、基準価額が公表されるのは、売買の申込みを締め切った後である。つまり、投資家は当日の基準価額がわからない状況で投資信託の取引を行わなければならない。

**投資信託（ファンド）の基準価額**

$$\frac{\text{ファンドの純資産総額}}{\text{ファンドの総口数}} = \text{基準価額（1口当たりの価額）}$$

**② 分配金**

　投資信託には、各ファンドの決算が行われる際に「分配金」を支払う仕組みがある。各ファンドが株式や債券に対して投資し、運用して得た収益を、投資家が保有するそのファンドの口数に応じて分配する。なお、分配金は、ファンドの信託財産から支払われるため、分配金が支払われると「純資産総額」が減少し、その結果「基準価額」も下落する。

　分配金の支払は、毎月や隔月、毎年等に行われるが、分配を行わないファンドもある。

## （2）投資信託のメリット

投資信託のメリットとして、以下の点が挙げられる。

**ａ．小口投資**

　株式投資や債券投資を行うには、ある程度まとまった投資資金が必要であるが、投資信託は少額（千円程度）からでも手軽に投資することが可能である。

**ｂ．分散投資**

　投資の基本は、資金を1つの資産や商品だけで運用するのではなく、複数に分けることで投資リスクを分散させることである。投資信託はこのような分散投資の考え方から生まれた金融商品である。

**ｃ．専門家による運用**

　一般に、個人で株式や債券などの投資に必要な知識や技術を身に付けたり、投資に必要な情報を入手して分析することは容易ではないが、投資信託では専門家である投資信託委託会社が運用・指図をする。

## （3）投資信託のリスク

投資信託は値動きのある株式や債券に投資をすることから、定期預金のように満期時点でどのくらいの価値になるかがあらかじめ約束されていない。
以下が投資信託の持つ主なリスクである。

**ａ．価格変動リスク**

　株価は市場における需給関係によって決まることから常に変動している。一般的には国内および世界の政治・経済情勢、企業業績等の影響を受ける。株式を中心に投資をす

る投資信託は、株価変動の影響をより受けやすい。

### b．金利変動リスク

市場金利も絶えず変動している。債券は償還まで保有せずに途中で売却する場合、その時の価格での売却になる。つまり金利が高くなっていれば、債券価格は下がっている。なお、残存期間（デュレーション）が長い債券ほど金利変動の影響が大きいことから、MRF等は、金利変動によるリスクを小さくするため残存期間の短い債券で運用している。

### c．デフォルトリスク（信用リスク）

投資対象となる証券の発行体（財務）に関するリスクである。たとえば、債券は、発行体が倒産した場合、利子や償還金があらかじめ決められた条件で支払われないことがある。

### d．為替変動リスク

外国為替市場も常に変動している。外国の株式や債券などに投資をする投資信託はこの為替変動リスクがある。つまり、円高になった場合、円ベースでの価格は下がってしまう。なお、投資信託の中には為替変動リスクをヘッジするタイプもある。

## ❷ 投資信託の制度上の分類

投資信託は、新たにファンド設定した後にも投資家が購入できるかどうかにより、単位型（ユニット型）、追加型（オープン型）に分類される。また、運用対象に株式を組み入れられるかどうかにより、株式投資信託、公社債投資信託に分類される〔図表2－1〕。

〔図表2－1〕投資信託の制度上の分類

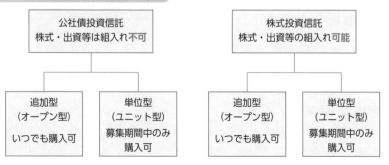

## (1) 単位型投資信託と追加型投資信託

　単位型（ユニット型）投資信託は信託期間があらかじめ定められたもので、当初の募集期間に集まった資金が1つの単位として運用され、償還まで追加設定が行われないタイプである。市場のタイミングに合わせて募集・設定されるものは「スポット投信」と呼ぶこともある。

　信託期間は2～7年が主流で、投資期間を定めて運用したい場合に適している。ただし、運用開始後は資金が追加されず解約により資金が減少していくだけなので、運用サイドにとっては解約対応のため、思いどおりの運用ができない点が、デメリットとして挙げられる。また、投資家サイドにとっても、「運用成績がよいので、途中で購入したい」と思っても購入できないというデメリットがある。

　これに対し、**追加型（オープン型）投資信託**は、当初の募集期間に限らず、途中での追加設定ができる商品である。基本的に「いつでも購入（設定）と換金ができる」という特徴を持つ。タイミングを見計らいながら、機動的な投資をしたい場合に適したタイプである。追加購入（設定）、換金は時価（基準価額）で行われるため、投資家サイドにとって経済や金利、そして株式市場の動きなどを捉えたタイムリーな資金運用が可能となる。

　なお、現在の商品設計は、追加型（オープン型）投資信託が主流となっている。

## (2) 株式投資信託と公社債投資信託

　株式を1株でも組み入れることができる投資信託を**株式投資信託**という。実際には1株も株式が組み入れられていない投資信託であっても、投資信託契約上の投資対象に株式（出資等を含む。以下同じ）が含まれていれば、株式投資信託に分類される。

　株式投資信託は株式の組入制限や投資対象によってさまざまなタイプに分かれる。投資対象に株式を含むため、変動リスクは大きくなっているが、公社債の組入れや効率的な分散投資を図ることなどにより、リスクを軽減する配慮もなされている。

　一方、株式を**一切組み入れず**、法律上、国債、地方債、社債、コマーシャル・ペーパー、外国法人が発行する譲渡性預金証書、国債先物取引などに投資対象が限定されている投資信託は**公社債投資信託**という。たとえば、MRFのように現金が必要なときに、当日に換金（即日引出し＝キャッシング）ができるものや1年複利効果が期待できるもので期間が自由なものなど、使い勝手に優れたタイプがある。

第2章

## (3) 契約型投資信託と会社型投資信託

　前述の分類のほかに、投資信託は制度上、契約型投資信託と会社型投資信託に分けられる。日本の投資信託の大半が契約型投資信託である。

　**契約型投資信託**（委託者指図型）とは、投資信託委託会社（委託者）と信託銀行等（受託者）との間で締結された投資信託契約に基づいて設定された信託の受益権を均等に分割して、複数の投資家に取得させるタイプの投資信託のことをいう。

　契約型投資信託には、委託者指図型と委託者非指図型があるが、現存しているのはすべて委託者指図型である。委託者指図型では、証券会社や銀行等の販売会社が投資信託の販売あるいは分配金や償還金の支払などの窓口となり、委託者である投資信託委託会社が販売窓口を通じて多数の投資家から集められた資金の運用の指図を行う。また、委託者と受託者との間には投資信託契約が締結され、受託者である信託銀行等が委託者の指図に従い運用されている資産の管理を担当する〔図表2-2〕〔図表2-3〕。

　なお、投資信託財産は受託者固有の財産からは明確に独立しており、仮に受託者である信託銀行等が破綻しても、その信託銀行等の債権者が投資信託財産に対して強制執行や仮差押えなどを行うことができないことになっている。

　**会社型投資信託**は、有価証券等への投資を目的とする会社（**投資法人**）を設立し、投資

〔図表2-2〕契約型投資信託（委託者指図型）の仕組み

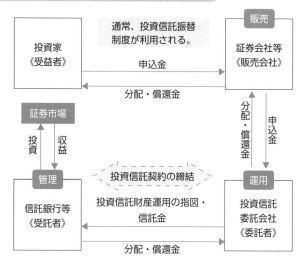

〔図表2－3〕契約型投資信託（委託者指図型）の委託者、受託者、販売会社の役割と主な業務

|  | 役割 | 主な業務 |
|---|---|---|
| 委託者<br>（投資信託<br>委託会社） | 投資家から募った資金をまとめた投資信託財産の運用を受託者に指図するなど、受益者である投資家の利益のために忠実に業務を遂行するよう義務付けられている。 | ● 投資信託約款の金融庁長官への事前届出<br>● 受託者と投資信託契約の締結・解約、投資信託財産の設定<br>● 受益証券の募集と発行（受益証券はすべて電子化されている）<br>● 投資信託財産の運用指図（受託者に対する指図）<br>● 投資信託財産に組み入れた有価証券の議決権などの指図行使<br>● 目論見書、運用報告書の作成、交付<br>● 分配金・償還金・解約金の受益者への支払<br>● 投資信託財産の計算（毎日の基準価額の計算）<br>● 投資信託財産の決算公告 |
| 受託者<br>（信託銀行<br>等） | 委託者からの運用指図に基づき、証券市場で売買を行う。 | ● 投資信託財産の保管と計算<br>● 委託者の運用指図に従った投資信託財産の運用の執行<br>● 分配金・償還金・解約金の委託者への支払<br>● 金融庁長官への投資信託約款の内容の届出および変更の届出に際しての承諾・同意 |
| 販売会社<br>（証券会社、<br>銀行等） | 投資信託委託会社の募集の取扱いや分配金等の支払事務を代行する。投資信託委託会社が販売会社を経由せず直接販売することができるがあまり数は多くなく、金融各社が幅広く販売会社になっている。 | ● 受益証券の募集の取扱いおよび売買（募集をするのは、委託者であり、販売会社はその取扱いをする）<br>● 分配金、償還金の支払の取扱い（支払うのは、委託者であり、販売会社はその代行をする）<br>● 目論見書、運用報告書の顧客への交付（目論見書、運用報告書の作成をするのは委託者）のほか、募集・販売に関する必要事項について、委託者との相互連絡（たとえば、指定販売会社からは募集・販売の取扱い状況、受益証券の手持ち状況、委託者からは受益証券の基準価額、買取価額その他事項の通知など）<br>● 解約・買取りの取扱い |

〔図表2－4〕会社型投資信託の仕組み

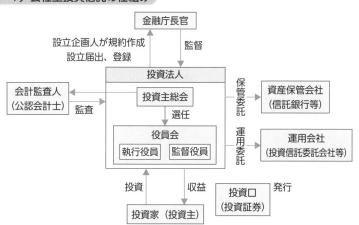

家はその会社の株主（投資主）となって、運用によって得られた収益の分配を受け取る形の投資信託である（租税特別措置法により、配当可能利益の**90％超**を配当することによって、投資法人の損金算入することが認められている）〔図表2-4〕。日本では会社型はJ-REIT（不動産投資法人）等に用いられている。一方、米国では「ミューチュアル・ファンド」と呼ばれ、会社型が一般的になっている。

　会社型投資信託は、①投資家がファンドの投資主となるので、投資主総会（株式会社における株主総会に相当するもの）を通じてファンドの運営に直接参加できる、②ファンドを運営する側からすれば、投資主の同意を得られれば、運用対象や運用方針の変更などが弾力的に行えるなどといったメリットがある。

　会社型投資信託は、投資口（個々の投資主としての権利）の払戻しをするかどうかでオープンエンド型とクローズドエンド型に分類される。オープンエンド型は投資口の払戻しを行うもので、投資主は純資産価額で換金することができることから、売買については契約型の追加型投資信託とほとんど同じ扱いになる。クローズドエンド型は投資口の払戻しをしないタイプである。投資主が換金したいときは流通市場で売却しなければならず、取引価格については市場の需給関係に左右されることから必ずしも純資産価額で換金できるとは限らず、株式と同様に考える必要がある。

## ❸ 運用スタイルによる分類

　投資信託は、運用会社やファンドマネジャーがそれぞれのファンドに定められた運用方針に基づいて運用を行うが、運用スタイルについてはアクティブ運用とパッシブ運用の2つに大別される。

### (1) アクティブ運用

　**アクティブ運用**は、投資の目標となる指標（**ベンチマーク**）の上昇率**より高い**運用成果を目指すもので、いわば、「市場に勝つ」ことを目標にしている。そのため、優れた情報収集力と情報分析力を必要とされる。

　ベンチマークには、たとえば国内株式であれば東証株価指数（TOPIX）や日経平均株価などが使われ、公社債であれば各種公社債インデックス、短期金融商品であればコールレート等が使われる。

　また、バランス運用のポートフォリオであれば、そのポートフォリオの資産配分の比率

に合わせた合成インデックスが作られることもある。

### ① トップダウン・アプローチとボトムアップ・アプローチ

資産配分と銘柄選択によりベンチマークを上回る運用を目指す手法として、トップダウン・アプローチとボトムアップ・アプローチの2つがある。

**トップダウン・アプローチ**とは、**マクロ**的な視点による経済環境などの分析によって、どのような国や地域の資産に配分するのかを決定し、その後、業種別組入比率などから組入銘柄を選択しポートフォリオを構築する方法である。一方、**ボトムアップ・アプローチ**とは、**個別銘柄**の選択を重視し、個別企業を財務状況などから細かく分析し、その結果から投資銘柄を選択しポートフォリオを構築する方法である。

運用成果はトップダウン・アプローチでは運用会社のグループ力に左右されるのに対して、ボトムアップ・アプローチではファンドマネジャーの腕に左右されやすい。こうしたアプローチ方法から、運用会社ごとの投資哲学や運用プロセスを知ることができる。

### ② グロース投資とバリュー投資

成長性あるいは割安性を重視して投資をすることでベンチマークを上回る運用を目指す手法として、グロース投資とバリュー投資の2つがある。

**グロース投資**とは、個別銘柄の**成長性**を重視して銘柄選択を行う手法である。将来の売上高や利益の成長性が市場平均よりも高いことが銘柄選択のための判断材料となる。一般に、グロース投資を行うと、市場平均よりも PER（株価収益率）が**高く**、配当利回りが低いポートフォリオになることが多い。

一方、**バリュー投資**とは、個別銘柄の**割安性**を重視して、銘柄選択を行う手法である。割安株とは、業績や収益の水準が株価に適正に反映されず相対的に割安に放置されている銘柄である。将来その価値が適正に評価されれば株価の上昇が期待される。割安株の選択には、PER や PBR（株価純資産倍率）等の指標や配当割引モデル等が使われる。

## (2) パッシブ運用（インデックス運用）

**パッシブ運用（インデックス運用）**は、運用成果が投資の目標となる指標（**ベンチマーク**）と**連動**することを目指すもので、インデックスファンドが代表的なものである。

パッシブ運用で一般的なのは株価指数連動運用である。TOPIX などの時価総額加重指数や日経平均株価など一般投資家にもなじみのある株式指標に連動しているためわかりやすく、日本の株式市場全体を捉えたファンドとして人気がある。パッシブ運用は、アクティブ運用に比べて**コストが安い**のもメリットである。

## (3) スマートベータ運用

スマートベータ運用はアクティブ運用やパッシブ運用と異なる特徴をもつ。この運用手法は、時価総額に応じて銘柄を選定するスタイルではなく、財務指標（売上高、営業キャッシュフロー、配当金など）や株価の変動率など銘柄の特定の要素に基づいて運用するスタイルで、市場平均を上回るリターンを目指している。

## (4) マーケット・ニュートラル運用

銘柄の買い建てと売り建てを同時に行いながら、市場の変動に影響を受けない運用成果を目指す手法である。ただし、市場の見通しを外した場合は、買い建てと売り建ての両方で損失が発生する可能性がある。

## (5) ロング・ショート運用

相対的に割安と思われる銘柄を買い建て（ロング・ポジション）、相対的に割高と思われる銘柄を売り建て（ショート・ポジション）するという、2つのポジションを組み合わせる運用手法である。

## (6) ESG 銘柄、SDGs 銘柄への投資

ESG 銘柄とは、Environment（環境）、Social（社会）、Governance（企業統治）の課題に適切に配慮・対応している企業である。

通常の株式投資では、財務の観点から投資を行うが、ESG 投資では、それに加えて非財務データを重視して投資を行う。これは、ESG に配慮している企業は、経営の持続的な成長が見込め、さらに財務諸表からは読み取れないリスクが少ないとされているからである。この投資方法は近年非常に注目されており、多くのファンドで取り入れられている。

SDGs（Sustainable Development Goals：持続可能な開発目標）とは、2015年9月の国連サミットで採択された、持続可能な世界を実現するための2030年を期限とする国際目標である。経済・社会・環境の調和のとれた持続的な発展を目指し、17の目標と169のターゲットが掲げられている。

投資をする際、企業の財務状況だけでなく「SDGs の取組みに力を入れているかどうか」も検討すべきだという考え方が広がっており、SDGs の達成への貢献が期待される企業に投資する投資信託も登場している。

# 実務上のポイント

- 投資信託のトップダウン・アプローチとは、金利や為替、景気などに視点をおいたマクロ的分析から、国別組入比率や業種別組入比率を決め、最後に個別銘柄を選定する手法である。

- 投資信託のボトムアップ・アプローチとは、個別訪問等により企業情報を収集し、投資魅力が高い銘柄を積み上げてファンドを構築していく銘柄選定手法である。

- 公社債投資信託には、株式を組み入れることはできない。なお、実際には1株も株式が組み入れられていない投資信託であっても、投資信託契約上の投資対象に株式が含まれていれば、株式投資信託に分類される。

- 投資信託の販売は、銀行や証券会社などが行い、目論見書・運用報告書の交付、分配金・償還金などの支払の取扱いなどの業務を行う。

- スマートベータ運用は、財務指標や株価の変動率など、時価総額以外の特定の要素に基づいて運用するスタイルである。

- マーケット・ニュートラル運用とは、銘柄の買い建てと売り建てを同程度行い、市場全体の価格変動による影響を受けずに、安定的収益獲得を目指して運用する手法である。

- ロング・ショート運用は、一般に株価が割安と判断される銘柄を買い建て（ロング・ポジション）、割高と判断される銘柄を売り建てる（ショート・ポジション）という運用手法である。

## 第2節
# 投資信託商品の特徴

## ❶ 主な投資信託商品の特徴

### (1) 株式投資信託

#### ① インデックスファンド

　インデックスファンドとは、日経平均株価などの指数に連動するように設計された投資信託である。代表的な連動対象の市場指数としては、日経平均株価のほかに東証株価指数（TOPIX）、東証REIT指数などが採用されている。また、電機・精密、医薬・食品など一定の業種に属する株式を対象とするものは、業種別インデックスファンドと呼ばれる。

　インデックスファンドは、リターンを予測する必要がなく、かなり機械的に構築することができるので、アナリストやファンドマネジャーの判断に基づいてファンドを構築するアクティブ運用よりもコストを抑えることができる。また、アクティブ運用ファンドに比べ運用管理費用（信託報酬）が低く、購入時手数料もかからない（ノーロード）ものも多い。

#### ② セレクトファンド

　追加型株式投資信託の一種で、異なる性格をもつ複数のポートフォリオで構成される。たとえば、電機、商社、銀行など異なる業種の株式に集中投資する複数の成長型ポートフォリオで構成された「業種別セレクトファンド」や、大型株、中型株、小型株というように発行済株式数の規模により分けられた「規模別セレクトファンド」、米国株や香港株というように国別の株式市場に集中投資する「地域別セレクトファンド」などがあり、それぞれのファンドには、国内の公社債を中心に安定運用する資金プール用のポートフォリオが用意されている。

　特定の業種、地域などに集中投資するため相場次第で不特定多数の業種、銘柄に分散投資する株式投資信託に比べると、大きな値上りが期待できる。また、セレクトファンドの

中でのファンドの乗換えが低コストで行えるのもセレクトファンドのメリットである。

### ③　デリバティブ投信

　先物やオプションなど少ない元手で数倍の資金を動かすことができるデリバティブを組入対象としているため、ハイリスク・ハイリターンになる商品特性をもっている。ただし、日本のファンドは金融商品取引業等に関する内閣府令によって一定の規制があるため、元本を超えるような損失が発生する可能性は低いと考えてよい（私募投信等を除く）。

### ④　リスク限定型投資信託

　デリバティブ投信の一種で、株価下落による損失リスクを一定限度に抑える株式投資信託である。日経平均株価など市場の動きを示す指標に連動して価格が変動するが、損失額に一定の歯止めをかけ、元本の一定額を保証しているのが特徴である。最近では、判断する期間を延ばしたり、判断対象を円／ドル為替レートにするなどさまざまなタイプが登場している。

　ただし、取引に必要なコストはあまり安くなく、値動きもわかりにくい。また、仕組みが複雑で簡単に理解しにくいことが、デメリットとして挙げられる。

### ⑤　ブル・ベア型ファンド

　デリバティブ投信の一種で、一般にブル型ファンドは基準となる指数（日経平均株価など）の2倍以上の値上りを目指し、ベア型ファンドは指数の逆の動きまたはマイナス1倍以上の値動きを目指すハイリスク・ハイリターン型の投資信託である。つまり、日経平均を基準の指数とする2倍型のブル型ファンドでは、日経平均が前日に比べ1％上がるとファンドの基準価額が約2％上がる仕組みである。

　**ブル型ファンド**は上昇局面で、**ベア型ファンド**は下落局面で大きな収益を得ることができる。ただし、長期的にみると基準となる指数から下に乖離していく仕組みであるため、長期投資には向いていないとされている〔図表2−5〕。

〔図表2−5〕基準となる指数が毎営業日1,000円の上昇と下落を繰り返して元の価格に戻った場合のブル型ファンドの基準価額の推移の例

| | 0日目 | | 1日目 | | 2日目 | | 3日目 | | 4日目 |
|---|---|---|---|---|---|---|---|---|---|
| 日経平均 | 20,000 | ＋5％ | 21,000 | −4.76％ | 20,000 | ＋5％ | 21,000 | −4.76％ | 20,000 |
| 2倍ブル | 20,000 | ＋10％ | 22,000 | −9.52％ | 19,905 | ＋10％ | 21,895 | −9.52％ | 19,810 |
| 3倍ブル | 20,000 | ＋15％ | 23,000 | −14.28％ | 19,714 | ＋15％ | 22,671 | −14.28％ | 19,433 |

（※）端数処理の関係上、一部計算が合わない箇所があります。

### ⑥ ヘッジファンド型投資信託

現物株の買いだけでなく空売りを組み合わせるなどして、市場全体の値動きに関係なく、一定の収益を上げる運用を目指す投資信託である。

ヘッジファンド型投資信託の代表的な手法に「ロング・ショート型」運用がある。株価が適正とみられる水準よりも低く、値上りが期待できる銘柄を現物で買う（ロング）一方、値下りが見込まれる割高な銘柄を空売りする（ショート）手法である。

### ⑦ 毎月決算（分配型）ファンド

主に外国債券や内外の高配当株式やREITに分散投資し、その利息収入などを毎月の分配金として支払う形態の投資信託である。組入債券については、先進国が発行する国債を中心とする信用格付の高いもので運用されるものや、エマージング・マーケット債（新興市場国が発行する国債）に投資する投資信託もある。エマージング・マーケット債投資信託は、高い利回りが見込める半面、デフォルトの確率が相対的に高いために、運用報告書で組入債券が格下げされていないか、組入国が地域的に偏っていないかなどをチェックする必要がある。

### ⑧ ファンド・オブ・ファンズ

複数の投資信託を組み入れて運用する投資信託である。複数の投資信託に分散投資することにより一段と高い分散投資効果があることや特定専門分野に強い運用機関を利用できるメリットがある。しかし、組み入れる投資信託の運用コストも負担しなければならないので、トータルの運用コストが割高になるといったデメリットもある。

なお、ファンド・オブ・ファンズの投資対象として投資信託以外で認められているのは、CP、CD、コールなどの短期金融商品で、**個別株式への直接投資は認められていない**。また、1つのファンドへの投資はファンド資産額の50%を超えてはならないとされている。

### ⑨ ライフサイクル型ファンド

確定拠出年金がスタートしたのを契機に数多く登場してきている投資信託で、リスクの異なる数本のファンドがグループとして提供され、その中から、ライフプランに合わせ、目標時期ごとに、ファンド選択を変えて運用を続けるタイプの商品である。

購入者が自分で負えるリスク・リターンの程度を判断し、それに適したファンドを選択できるタイプを「スタティック型」、運用年数を経るごとに自動的にリスク資産の比率が低減されるタイプを「ターゲットイヤー型」という。

### ⑩ 通貨選択型ファンド

投資対象資産の為替リスクを別に選択した通貨で為替ヘッジする運用手法の投資信託である。

投資対象資産は、米ドル建てのハイ・イールド社債（リスクはあるが高金利の社債）や新興国の債券が主流だが、米国 REIT や高配当株、原油や金などの商品先物価格（リンク債を含む）などを対象にしたものもある。そして米ドル建て投資対象資産にある為替リスクを、投資信託の申込みの際に選択した高金利通貨（主にブラジルレアルや南アフリカランドなど）に為替ヘッジ（資産の価格変動に伴う損失を、類似資産を用いて回避・軽減するクロスヘッジ取引）し、他通貨の為替リスクに変換している。

これにより、投資対象資産からの収益、為替ヘッジのプレミアム、選択した通貨の為替差益の3つからリターンを得ることを目指している。ただし、商品の仕組みはかなり複雑なため、ハイリスク・ハイリターンの商品といえる。

⑪ **アンブレラ型ファンド**

1つの投資信託の中に、投資対象となる資産や通貨が異なる複数のファンド（サブファンド）を設定できる仕組みをもった投資信託である。投資家にとっては、サブファンド間でのスイッチングが容易なことから、投資環境に適したサブファンドを組み合わせることで、効率的なリターンを追求できるというメリットがある。

## (2) 公社債投資信託

① **MMF**

主要な投資対象をコール、手形売買、現先、CD（譲渡性預金）などの短期金融資産とする追加型の公社債投資信託である。

なお、低金利のため、2024年1月現在 MMF の運用をする国内運用会社は存在しない。

② **MRF**

証券総合口座用の投資信託で、1円からいつでも自由に出し入れでき、収益分配金は1円単位で毎日計上し1カ月複利で計算される。安定重視で運用されるが、元本は保証されていない。なお、2014年12月より、MRF については元本に生じた損失の全部または一部を運用会社などが補てんすることが認められている。

## (3) 上場投資信託（ETF）

上場投資信託（ETF）は、株価指数や商品指数などの指標に連動するように設定され、金融商品取引所に上場される投資信託である。

ETF には、現物拠出型 ETF と、リンク債型 ETF がある。

現物拠出型 ETF ではまず、指定参加者（証券会社や機関投資家など）が市場で買い付けた現物株の集合（現物株バスケット）を運用会社に拠出する。それを基に運用会社が

**〔図表 2 - 6〕現物拠出型 ETF の仕組み**

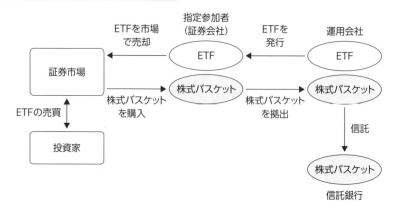

ETF を設定し、指定参加者は、運用会社より ETF の持分を示す「受益証券」を受け取る。

　現物株バスケットと ETF は相互に交換できるので、本質的な価値は同一となり、現物株バスケットの動きと ETF の価格の動きは連動する。

　指定参加者に対して発行された ETF の受益証券が、証券取引所に上場され、一般の投資家は、上場された ETF の受益証券を市場で購入したり、売却したりすることで ETF の取引を行う（現物拠出型は現物株式との交換が可能である。交換だけでなく、現物株式による追加設定もできる）〔図表 2 - 6〕。

　リンク債型 ETF は、指定参加者が運用会社に金銭を拠出し、ETF が設定される。拠出された金銭は、指標などに連動するリンク債（指標などに価格が連動する債券のこと）に投資されるため、ETF とリンク債の価格が連動することとなる。リンク債の価格は、指標などに連動するので、結果として ETF は指標に連動することになる。指定参加者は、ETF を投資先であるリンク債と交換することができる。

　なお、この方式は、現物拠出が難しい新興国の株価指数に連動する ETF などで採用されている。

　ETF は以下の点に特徴がある。

- 株価指数などへの連動を目指して運用される
- 金融商品取引所に上場しているので、立会時間中いつでも、どの金融商品取引業者（証券会社）でも売買が可能である
- 株式と同様、指値や成行による注文ができる
- 現物取引だけではなく信用取引も可能である

- **手数料**や**取引方法**は株式と同様となっている
- **レバレッジ型**（ブル型）、インバース型（ベア型）もある
- **ダブルインバース型** ETF は、変動率が原指標の変動率のマイナス 2 倍となるように設定された指標に連動する運用成果を目指して運用される
- **エンハンスト型** ETF は、リスクコントロール指標やマーケットニュートラル指標など、一定の投資成果を実現するための投資戦略を表現した指標に連動する運用成果を目指して運用される

一方、以下のような投資リスクがある。

- 投資信託であるので、元本および分配金等が保証されている商品ではない
- 株価指数連動型は原則として全資産を株式で運用するので、株価変動の影響を受ける
- 市場の急変時等には、対象となる指数に連動する運用が困難になる場合がある
- 上場口数、受益者数、売買高などを要件とした上場廃止基準がある

現在、ETF は東京証券取引所（東証）、名古屋証券取引所（名証）に上場されており、東京証券取引所では2018年 7 月 2 日から、ETF 市場におけるマーケットメイク制度を導入している。本制度において継続的に気配提示を行うマーケットメーカーは、国内証券会社や、海外市場でマーケットメイクをしている業者が指定されている。

## (4) 上場投資証券（ETN）

ETN は「Exchange Traded Note」の略で、ETF（Exchange Traded Fund）と同様に、価格が株価指数や商品価格等の特定の指標に連動する商品である。

発行体である金融機関がその信用力を基に価格が特定の指標に連動することを保証する債券（Note）であるため、ETF とは異なり証券に対する裏付資産を持たないという特徴がある。そのため、発行体の倒産や財務状況の悪化等の影響により、ETN の価格が下落したり無価値となる可能性があるので、発行体の信用リスクについては十分に留意する必要がある。

## (5) 外国投資信託

海外の投資専門会社が、その国・地域の法律に基づき、その国・地域で設定・運用するファンドを日本国内に持ち込んで販売する投資信託を外国投資信託という。

基本的に通貨は外貨建てであるが、円建ての外国投資信託も販売されている。取引に際しては、証券会社（金融商品取引業者）に外国証券取引口座の開設が必要である。外貨建て MMF は外国投資信託の一種で、米ドル建て MMF の場合、10ドルから購入可能である。

国内で販売されている外国公募株式投資信託には、会社型と契約型がある。

## ❷ 特殊なファンドの仕組みと特徴

### (1) 私募投資信託

　私募投資信託は、金融機関や企業年金など特定または少数の投資家を対象に設定する投資信託である。

　少数の投資家の要望に応じて自由に設計しやすく、デリバティブを駆使した高リスク投資信託も可能になる。公募投資信託に義務付けられている目論見書や有価証券報告書などの作成や監査は不要で、投資信託委託会社は投資家だけに運用情報を提供すればよく、どのような投資信託が存在するかは一般には公表されない。

　投資信託および投資法人に関する法律の定義では、投資家数を50人未満に限定した「少人数私募（一般投資家私募）」、専門知識のある適格機関投資家のみを対象とする「プロ私募（適格機関投資家私募）」、特定投資家を対象とする「特定投資家私募」の3つに分かれる。

### (2) ラップ口座・ファンドラップ

　ラップ口座とは、顧客が証券会社などに投資に関するすべてを一任（投資一任契約）し、証券会社などは顧客一人一人のニーズに合ったポートフォリオを組み運用するものであり、数千万～数億円以上からの取扱いであることが多い。なお、投資対象は投資信託には限らない。

　ファンドラップとは、ラップ口座のようなオーダーメイド型投資の敷居を低くしたもので、証券会社などがいくつかの投資信託のなかから顧客ニーズに合ったものを選び、それらを組み合わせて運用するものであり、数百万～1千万円程度からの取扱いであることが多い。

　近年、国内においても証券会社などによるラップの取扱いが増加している。なお、報酬体系（固定報酬・成功報酬）、最低投資金額などは会社によって異なるが、オーダーメイド型なので、コストは低くはない。

## （3）ロボットアドバイザーを利用した運用

　ロボットアドバイザーとは、AI（人工知能）によるオーダーメイドの運用支援プログラムである。ロボアドには、投資家がいくつかの質問に答えてくことにより、AI が最適な資産配分を提案し、投資家が自ら運用する「アドバイス型」と、ロボアドが提案する資産配分等を了承すれば、売買も含めて一任することができる「投資一任型」がある。なお、投資対象は投資信託や ETF であるものがほとんどである。

　フィンテック（FinTech）の進化により多種多様の AI が出ている。投資判断を AI が行うため、ファンドラップよりも顧客が負担するコストは安い。

第2章

## 実務上のポイント

- ブル型、ベア型の投資信託は、2日間以上離れた期間の騰落率は複利効果により同期間の市場の変動率の2倍にはならない。よって、一般に長期保有することには不向きなファンドである。
- ETF の売買方法は、上場株式と同じであり、指値注文、成行注文、信用取引ができる。

第**3**節

# 投資信託の実務

## ❶ 購入から換金までの留意点

### (1) 投資信託の購入と換金

#### ① 購入のタイミング

　投資信託には価格の変動があるため、基準価額が低いときに購入し、高いときに売却することが基本である。しかし、プロでもそのような低い価額や高い価額を予測して売買することは困難である。よって、ドルコスト平均法での購入は検討材料にすべきである。

> **注** ドルコスト平均法は、有価証券、商品、金などのように常時価格が変動する商品を定期的に購入する際に、毎回の投資金額を一定額とする方法である。値段が安いときにはより多くの量を、値段が高いときにはより少なく買い付けることになるため、これを継続していくと、購入単価（簿価）を平準化することができる。

#### ② 換金性

　投資信託の換金性については、普通預金並みに利便性が高いもの、換金申込みから4～5日目に引き出せるもの、また商品の性格上、満期まで保有したほうがよいもの、さらに、一定期間（クローズド期間）換金が制限されるものなど、商品によってさまざまである。投資目的に照らし合わせて購入する投資信託の換金性についての知識も必要になる。

　MRFは購入後いつでも手数料なしで換金できる。当日引出し（キャッシング）が可能だが、各販売会社で限度額が定められている（限度額を超える場合、換金は申込日の翌営業日になる）。

　そのほかの公社債投資信託や株式投資信託は、受渡期日を換金申込日から起算して4営業日としているものが一般的であるが、主に外国証券を組み込んでいる投資信託では5営業日目、6営業日目などとしているものもある。

　また外国籍の外貨建て投資信託の場合は、日本の休日だけではなく、現地の休日も関係

している。

### ③ 換金の制限（クローズド期間）

解約についての制限を確認することが必要である。投資信託によっては、中途解約を防ぐことによって、運用の安定性・効率性を保つために、換金（解約）ができない期間（クローズド期間）を設けているものがある。

なお、クローズド期間中の換金は、受益者の死亡、火災・地震等自然災害による財産の滅失、破産宣告を受けたとき、病気になり生計を維持できなくなったときなどの場合にのみでき、それ以外はできない。

### ④ 為替に関わる損益

海外に投資を行う投資信託を購入する際は、円高・円安が基準価額にどのように影響するか事前にチェックしておく必要がある。円高が進むと為替差損によって基準価額が大きく値下りする可能性がある。

為替ヘッジを行い為替相場変動による基準価額への影響をできるだけ避けるものや、為替ヘッジをしないことにより、円安時の為替差益を受けるものなど、為替相場への対処の仕方にはさまざまなタイプがある。

### ⑤ スイッチング

投資家の選択によりセレクトファンドの中のファンド間で自由に乗り換えることをスイッチングという。スイッチングにかかる手数料の有無と同時に、信託財産留保額が徴収されるかどうかを確認しておく必要がある（スイッチングは換金であるが、換金したという意識が薄れがちである）。

---

## Q: 例題

以下のXファンドを①毎月100口ずつ購入した場合と、ドルコスト平均法により②毎月100万円ずつ購入した場合、それぞれの平均購入単価はいくらになるかを求めなさい。

| 購入時期 | 購入時のXファンドの基準価額 |
|---|---|
| 2月 | 6,250円 |
| 3月 | 10,000円 |

| 4月 | 12,500円 |
| --- | --- |
| 5月 | 6,250円 |

①毎月100口ずつ購入した場合

2月の購入金額：　6,250円×100口＝　625,000円
3月の購入金額：10,000円×100口＝1,000,000円
4月の購入金額：12,500円×100口＝1,250,000円
5月の購入金額：　6,250円×100口＝　625,000円
購入金額の合計：625,000円＋1,000,000円＋1,250,000円＋
　　　　　　　625,000円＝3,500,000円
購入口数の合計：100口× 4 ＝400口

以上より、平均購入単価は次のようになる。
　3,500,000円÷400口＝8,750円

②毎月100万円ずつ購入した場合

2月の購入口数：1,000,000円÷　6,250円＝160口
3月の購入口数：1,000,000円÷10,000円＝100口
4月の購入口数：1,000,000円÷12,500円＝　80口
5月の購入口数：1,000,000円÷　6,250円＝160口
購入金額の合計：1,000,000円× 4 ＝4,000,000円
購入口数の合計：160口＋100口＋80口＋160口＝500口

以上より、平均購入単価は次のようになる。
　4,000,000円÷500口＝8,000円

## （2）投資信託の費用

　投資家が投資信託を購入し保有する際に負担する費用には、次のものがある。

### ① 購入時手数料

　投資信託の購入時には、通常、販売会社に購入時手数料を支払う（解約時に支払う場合もある）。購入時手数料は、同一の投資信託でも販売会社によって**異なる**場合がある。
　一方、購入時手数料を徴収しない、**ノーロード型**と呼ばれる商品もある。

　また、償還となった投資信託の償還金の範囲内で、新たに設定される投資信託を購入する場合、購入時手数料を無料あるいは割り引く償還乗換優遇措置を導入しているものもある。

### ② 運用管理費用（信託報酬）

　運用管理費用（信託報酬）は、投資信託の運用・管理にかかる費用で、投資信託財産の中から日々徴収される。投資信託委託会社には、運用のための費用や報酬、目論見書や運用報告書等の開示資料の作成費用として、また、信託銀行等には、資産・管理のための費用として、直接投資信託財産から支払われる。販売会社には、収益分配金および償還金の支払取扱事務費用や運用報告書の発送費用等、事務代行手数料として、投資信託委託会社から分配される。

　運用管理費用（信託報酬）は、目論見書や運用報告書の費用の項目に記載されている。

### ③ 信託財産留保額

　投資信託の運用の安定性を高めると同時に、長期に保有する受益者との公平性を確保するために、投資信託財産中に留保されるものである。信託財産留保額は基準価額や分配金に反映される。通常、信託期間の途中で換金するときに差し引かれるが、購入時に徴収される場合もある（信託財産留保額を差し引かれない投資信託もある）。

# ❷ ディスクロージャー

## (1) 目論見書

　目論見書（投資信託説明書、投資法人説明書とも呼ばれる）は、委託者である投資信託委託会社が作成し、投資家が投資信託を購入する際に、原則として販売会社から投資家への交付が義務付けられている説明書のことで、購入にあたって知っておかなければならないファンドの情報が掲載されている。

　目論見書は交付目論見書と請求目論見書の2つに分別化されており、交付目論見書と請求目論見書は合冊せず交付されることが望ましいとされている。

　また、目論見書はインターネット等を通じて電子交付することもできる。なお、電子交付をするためには、あらかじめ投資家の同意を得る必要がある。

### ① 交付目論見書

　交付目論見書とは、基本的な投資信託の性格を記載し、投資家にあらかじめまたは契約

と同時に交付することが義務付けられているものである。記載項目は次のとおりである。

### a．商品分類と属性区分

　投資信託協会による商品分類に基づき、投資対象地域、収益の源泉となる投資対象資産などが記載される。

　目論見書や運用報告書の表紙等に記載している投資信託の商品分類については、投資対象が区分ごとに分類され、その区分ごとの分類を組み合わせることによって、商品分類が示される。たとえば、追加型で主に国内および海外の資産（株式、債券および不動産投資信託）に投資し、組入比率については、機動的な変更を行う旨の記載があるファンドまたは固定的とする旨の記載がないファンドで、投資者に対して注意を喚起することが必要な特殊な仕組み・運用手法を用いることにより、特定の市場に左右されにくい収益の追求を目指す旨の記載があるものであれば、「追加型投信／内外／資産複合（株式、債券、不動産投信）資産配分変更型／特殊型（絶対収益追求型）」と記載されている（投資成果は保証されていない）。

　また、さらなる詳細な投資信託の属性を示す、属性区分も定められている。

### b．ファンドの目的・特色

　運用の基本方針、ファンドの仕組み、投資制限、分配方針など

### c．投資リスク

　基準価額の変動要因、リスク管理体制など

### d．運用実績

　設定来の基準価額・純資産残高の推移、分配の推移、主要な資産の状況、年間収益率の推移

### e．手続・手数料等

　ファンドの費用（購入時手数料の上限金額または上限料率、運用管理費用（信託報酬）の全額または料率に関する事項）、税金など

なお、2014年12月から交付目論見書において、手数料情報について、顧客が負担する手数料を対価とする役務（サービス）の内容を記載すること、リスク情報について、投資リスクの定量的把握・比較が可能となるようわかりやすく記載することが求められることとなった。

### ② 請求目論見書

　請求目論見書とは、投資信託の詳細な情報を記載し、投資家から請求された場合に直ちに交付すべきものである。記載内容については、基本的に有価証券届出書の記載内容とされている。

## (2) 運用報告書

　目論見書が「発行開示」と呼ばれるのに対し、運用報告書は「継続開示」と呼ばれ、運用状況の推移を開示するためのものである。投資信託はその具体的な投資判断が投資信託委託会社に任されており、投資一任的要素が強い。そこで運用の経過を投資家に常に開示し、投資家の自己責任と運用判断を問う情報が提供されている。

　投資信託委託会社は、原則として、運用報告書を決算期末ごとに作成し販売会社を通じて投資家に交付するように法律で義務付けられている。決算期間が6カ月未満の投資信託の運用報告書であれば、**6カ月に一度**作成される。なお、MRFは受益者への運用報告書の交付を行わなくてよい。

　2014年12月から投資信託の運用報告書は、運用状況に関するきわめて重要な事項を記載した「交付運用報告書」と詳細な運用状況等を記載した「運用報告書（全体版）」の2段階で発行することが義務付けられた。「交付運用報告書」については、運用状況に関する重要な情報を図やグラフなどを用いてわかりやすく伝えることが求められている。「交付運用報告書」は、書面による交付が原則であるが、あらかじめ投資家の同意を得たうえで、ホームページや電子メールなどの方法による交付も認められている。「運用報告書（全体版）」は、投資家の同意がなくても、運用会社のホームページなどに掲載すればよく、投資家から請求があった場合にのみ書面での交付が義務付けられている。

　交付運用報告書の主な記載事項は以下のとおりである。

　a．投資信託財産の運用方針

　b．投資信託財産の計算期間中における資産の運用の経過

　c．運用状況の推移（一定の期間における当該投資信託の騰落率と代表的な資産クラスの騰落率を比較して記載する）

　d．投資信託財産の計算期間中における投資信託委託会社および受託会社に対する報酬等ならびに当該投資信託財産に関して受益者が負担するその他の費用ならびにこれらを対価とする役務の内容

## (3) トータルリターン通知制度

　現在の評価金額と累計受取分配金額および累計解約金額を加え、累計買付金額を控除したトータルリターンを通知する制度。投資家は、トータルリターンによって、販売手数料や信託報酬等のコストを考慮したうえで、いくら得しているのか、損しているのかを把握することができる。販売会社は、原則としてトータルリターンを年1回以上投資家に通知

することが義務付けられている。

## 実務上のポイント

・投資信託の目論見書は、投資家が投資信託を購入する前または購入すると同時に交付しなければならない「交付目論見書」と、投資家から請求があったときに直ちに交付しなければならない「請求目論見書」がある。

・投資信託の運用報告書は、原則として、投資信託委託会社は、交付運用報告書を決算期ごとに作成し販売会社を通じて投資家に交付するように義務付けられている。

・トータルリターン通知制度により、販売会社は原則として、投資者に対し年1回以上通知することが義務付けられている。

# 第 **3** 章

# 債券投資

# 債券の仕組みと特徴

## ❶ 債券の仕組み

　債券とは資金調達者（債券の発行体）が資金供給者（債券の投資家）に対して発行した借用証書のようなものである。いくら資金の返済が行われるか（額面）、いつ資金の返済が行われるか（償還期限）、利子（クーポン、利札）がいついくら払われるのかが記されている。さらに投資家は償還期限までの間に原則自由に転売できる（債券の流通という）。流通の際には、常に額面どおりに転売されるわけではない。市場金利や発行体の返済能力の変動により額面を上回ることも下回ることもある。市場金利が急騰すれば大幅に額面を下回ることもある。発行体の返済能力が極度に悪化し、デフォルト（債務不履行）となった場合なども、償還期限を前に大幅に額面を下回ることになる。額面100円当たりの償還期限までの売買価格を単価と呼ぶ。

　また、額面に対する単価の状態に関して、額面を単価が上回っている状態を**オーバー・パー**（プレミアム）、額面と単価が同じである状態を**パー**、額面を単価が下回っている状態を**アンダー・パー**（ディスカウント）と呼ぶ。

|  | 額面100円に対する発行価格 | 具体例 |
|---|---|---|
| アンダー・パー（ディスカウント）発行 | 100円未満 | 99円50銭 |
| オーバー・パー（プレミアム）発行 | 100円超 | 101円50銭 |
| パー発行 | 100円 | 100円 |

## ❷ 取引所取引と相対取引

　債券を売買する方法には、**取引所取引**と**相対取引**（店頭取引）の2通りある。

　取引所取引は金融商品取引所に上場された債券を金融商品取引所の取引ルールに従って

取引する方法である。相対取引は取引所経由ではなく、投資家と金融機関が相対で取引する方法であり、金融機関の窓口や市場部門が提示した条件を基に電話や対面で取引する。債券の取引は、ほとんどが相対取引であるところに特徴がある。

ただし、相対取引が中心であるとはいっても、金融機関が特定の銘柄について十分な在庫を保有するわけではない。大量の在庫を維持するためには大量の資金も必要であるうえ、膨大なリスクを抱えることになるからである。

そこで、卸売市場に該当する業者間市場での取引が存在する。この業者間取引では相対取引で取得した債券の売却や相対取引で譲渡する債券の購入を行う。業者間市場は BB（＝ブローカーズブローカー）と呼ばれる日本相互証券株式会社が仲介している。同社は債券売買を専門とし、長期金利の指標である新発10年国債利回りを算出する会社としても知られている。

# ❸ 債券市場の指標

## ① 長期国債市場売買利回り

国内円金利のうち長期金利動向を主導しているのが、10年物として新規に発行される長期国債（新発10年国債）の市場利回りである。この利回りの変動を受け、長期プライムレートや政府系金融機関の基準貸出金利など、国内のほとんどの中長期金利は同じように動く。

長期国債市場売買利回りには、取引所利回り、日本証券業協会が公表する売買参考統計値、業者間利回りの3つが併用されている。ディーラーの間では、業者間利回りが指標的な存在とされている。

## ② 米国10年国債市場売買利回り

内外金利差の変動は円ドル相場に大きな影響を与える傾向があり、また、米国の株価の行方をみるうえでも米国の長期金利は非常に重要である。

米国の財務省証券のうち最も発行高が多いのが10年国債であり、その市場売買利回りは米国の長期金利の代表とされる。年2回支払われる利子がその都度再運用されるという前提のもとで、米国式複利（半年複利利回り）で表示される。

# ❹ 債券の種類

## (1) 固定利付、変動利付、割引方式

　利率が決まっており、償還まで変わらない債券を固定利付債と呼ぶ。この場合は一般的に、利払額は定額となるが、日数計算方法により異なる場合もある。

　一方、利率が変動するものを変動利付債と呼ぶ。変動利付債の利子計算ルールは事前に決められており、償還まで変更されることはない。この場合、変動金利の指標（10年国債利回りなど）が存在する。この変動金利に対して、額面と年率換算された金利計算期間を掛け合わせて利払額が決定する。

　また、利子が償還まで全く支払われないものを割引債（ゼロクーポン債・ディスカウント債）と呼ぶ。利子が支払われない代わりに、発行時に額面金額より低い価格で発行され、償還時に額面金額で償還されることで、発行価格と額面金額との差（償還差益）が債券投資の収益となる。たとえば、額面金額1,000万円の割引債を990万円で購入した場合、差額の10万円が収益となる。

## (2) 発行体による分類

### ① 国債

　国債は政府の発行する債券である。利付債と割引債に分類され、償還日までの期間により超長期国債（40年、30年、20年、15年）、長期国債（10年）、中期国債（5年、2年）（以上、固定利付債、15年のみ変動利付債）、国庫短期証券（割引債）に細分される〔図表3-1〕。

　さらに、国債には、3年・5年固定型の個人向け国債や10年変動型の個人向け国債、元本が変動する満期が10年の物価連動国債がある〔図表3-2〕。

　通常の債券は中途売却により元本割れが生じる可能性があるが、個人向け国債に関しては、1年経過後に、直近に受け取った2回分の利子相当額を支払えば額面（パー）にて政府が買い取るという条件になっている。なお、法人の取得は認められていない。また、2012年4月から2013年1月まで4回にわたって、個人向け復興応援国債も発行された。

　物価連動国債は、10年の利付債で、利子は想定元金に発行時に定められた固定の利率を乗じたものが支払われ、償還金額は償還時点での想定元金にて支払われる。想定元金は各利払時の消費者物価指数（生鮮食品を除く）に応じて変動するため、利払額は定額となら

## 〔図表3-1〕発行体による債券の分類

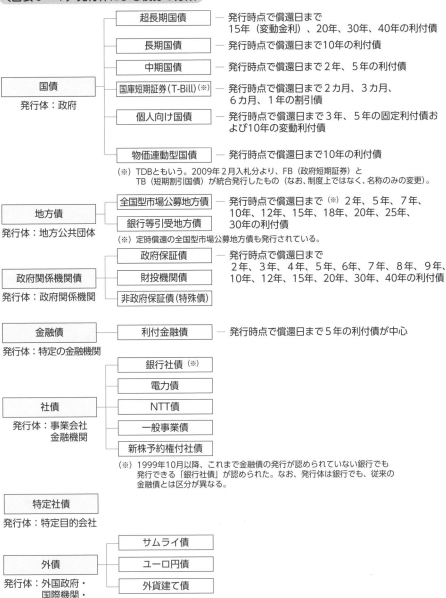

**国債**
発行体：政府

- 超長期国債 — 発行時点で償還日まで 15年（変動金利）、20年、30年、40年の利付債
- 長期国債 — 発行時点で償還日まで10年の利付債
- 中期国債 — 発行時点で償還日まで2年、5年の利付債
- 国庫短期証券(T-Bill)(※) — 発行時点で償還日まで2カ月、3カ月、6カ月、1年の割引債
- 個人向け国債 — 発行時点で償還日まで3年、5年の固定利付債および10年の変動利付債
- 物価連動型国債 — 発行時点で償還日まで10年の利付債

（※）TDBともいう。2009年2月入札分より、FB（政府短期証券）とTB（短期割引国債）が統合発行したもの（なお、制度上ではなく、名称のみの変更）。

**地方債**
発行体：地方公共団体

- 全国型市場公募地方債
- 銀行等引受地方債

— 発行時点で償還日まで(※) 2年、5年、7年、10年、12年、15年、18年、20年、25年、30年の利付債

（※）定時償還の全国型市場公募地方債も発行されている。

**政府関係機関債**
発行体：政府関係機関

- 政府保証債
- 財投機関債
- 非政府保証債(特殊債)

— 発行時点で償還日まで 2年、3年、4年、5年、6年、7年、8年、9年、10年、12年、15年、20年、30年、40年の利付債

**金融債**
発行体：特定の金融機関

- 利付金融債 — 発行時点で償還日まで5年の利付債が中心

**社債**
発行体：事業会社 金融機関

- 銀行社債(※)
- 電力債
- NTT債
- 一般事業債
- 新株予約権付社債

（※）1999年10月以降、これまで金融債の発行が認められていない銀行でも発行できる「銀行社債」が認められた。なお、発行体は銀行でも、従来の金融債とは区分が異なる。

**特定社債**
発行体：特定目的会社

**外債**
発行体：外国政府・国際機関・外国企業等

- サムライ債
- ユーロ円債
- 外貨建て債

第3章

〔図表3-2〕 3種類の個人向け国債の比較

| 商品名 | 変動金利型10年満期【変動10】 | 固定金利型5年満期【固定5】 | 固定金利型3年満期【固定3】 |
|---|---|---|---|
| 満期 | 10年 | 5年 | 3年 |
| 金利タイプ | 変動金利 | 固定金利 | 固定金利 |
| 金利設定方法 | 基準金利×0.66 | 基準金利－0.05% | 基準金利－0.03% |
| 金利の下限 | 0.05% | | |
| 利子の受取り | 半年ごとに年2回（利払日は、原則として毎年の発行月および発行月の半年後の15日） | | |
| 購入単位（販売価格） | 最低1万円から1万円単位（額面金額100円につき100円） | | |
| 償還金額 | 額面金額100円につき100円（中途換金時も同じ） | | |
| 中途換金 | 発行後1年経過すれば、いつでも中途換金可能[※1]<br>直前2回分の各利子（税引前）相当額×0.79685[※2]が差し引かれる。 | | |
| 発行月（発行頻度） | 毎月（年12回）[※3] | | |

（※1）災害救助法の適用対象となった大規模な自然災害により被害を受けた場合、または保有者本人が死亡した場合には、上記の期間にかかわらず中途換金可能。

（※2）復興特別所得税を含めた場合

（※3）2013年12月募集分からは、すべての個人向け国債が毎月発行されている。

ず、償還金額も変動する。物価連動国債は、償還時の連動係数（消費者物価指数を基に算出される係数）が1を下回る場合には額面金額で償還されるという元本保証（フロア）がついている。債券は通常、インフレに弱いが、物価連動国債はインフレに強いという全く逆の性質を有している。

なお、物価連動国債および割引方式で発行される国庫短期証券（T-Bill）については、個人等による保有が可能になっている。

2007年10月の郵政民営化に合わせて、それまで郵便局にのみ認められていた国債の販売方式が、「新型窓口販売方式」として他の民間金融機関に拡大された。この方式で販売される国債を新窓販国債といい、期間2年、5年、10年の固定利付型のものがある。個人向け国債とは異なり、購入者に制限はない（購入限度額は国債の種類ごとに1申込み当たり3億円。購入単位は額面5万円単位）。新窓販国債は、毎月発行されるが、金利情勢によっては募集が中止されることもある。

② 地方債

地方債は地方公共団体の発行する債券であり、一般投資家向けに発行される全国型市場公募地方債と特定の投資家（金融機関など）向けに発行される銀行等引受地方債がある。

全国型市場公募地方債は、一部の都道府県とすべての政令指定都市が発行することができる。

また、全国型市場公募地方債を発行する複数の地方公共団体が、共同して発行する共同発行市場公募地方債（10年満期）もあり、2003年からほぼ毎月発行されている。各団体は発行額全額につき、連帯して当該地方債の償還および利子の支払の責任を負う。

なお、一部の地方公共団体では、住民参加型ミニ市場公募地方債も発行されている。これは公募とはいっても、取得は地域住民等に限られており、当該地方公共団体で開催されるイベントの招待券・施設利用券などの特典が付与されたものもある。

### ③　政府関係機関債

政府関係機関債は独立行政法人・政府関係の特殊会社などが特別の法律に基づいて発行する債券である。政府関係機関債のうち、元利金支払を政府が保証しているものを、政府保証債という。政府保証のつかない公募の政府関係機関債は財投機関債と呼ばれ、政府保証のつかない非公募の政府関係機関債は、特殊債と呼ばれる。

### ④　金融債

金融債は、債券発行を認めた特別法（長期信用銀行法など）に基づいて、金融機関が発行する債券である。

### ⑤　社債

社債は、民間の事業会社が発行する債券である。電力会社の発行する電力債やNTTの発行するNTT債が有名であるが、これらは、電気事業法や日本電信電話株式会社法により、その企業の全財産について優先的に弁済される。東京地下鉄社債やJT債も同様の性質を有する。

これら以外の一般事業債も適債基準の撤廃や格付制度の整備から発行額が増えている。

なお、新株予約権付社債は従来の転換社債やワラント債（非分離型）を指す。

### ⑥　特定社債

特定社債は「資産の流動化に関する法律」に基づいて特定目的会社の発行する債券であり、いわゆる資産担保証券（ABS）の一種である。

資金調達を希望する企業が特定目的会社に資産を売却し、特定目的会社は買い取った資産が生み出すキャッシュフローを裏付けとした社債を発行できる。ここでいう資産にはローン債権や売掛金などが利用されている。

### ⑦　外債

外債は「居住者が円建てで国内で発行した債券」以外の債券の総称である。非居住者が日本国内で発行・募集した円建ての債券を「サムライ債」と呼ぶ。日本以外で発行された

円建て債をユーロ（自国以外の市場のこと。欧州通貨のユーロではない）円債と呼ぶ。なお、日本市場で発行されるユーロ債の外貨建て債券は「ショーグン債」の愛称で呼ばれる。

また、米ドル建てやユーロ建てなどの外貨建て債券に関しては第5章で詳細を解説する。

## （3）公募債と私募債

公募債と私募債（縁故債）の違いは、前者が一般に広く募集し（金融商品取引法上、募集の勧誘を50人以上に行うことで、有価証券届出書の提出が必要）、後者は発行体と特定の関係のある者などに限って募集（金融商品取引法上、募集の勧誘は50人未満まで、または適格機関投資家等のみを対象とするもので、有価証券通知書の提出が必要）する点である。

## 実務上のポイント

- 債券の発行価格とは、額面を100円とした場合の発行時の価格であり、100円超での発行（オーバー・パー発行）の場合は償還時まで保有すると償還差損が発生し、100円未満での発行（アンダー・パー発行）の場合は償還時まで保有すると償還差益が発生する。
- 個人向け国債は、「変動10」のみ変動金利である。また、すべての個人向け国債は金利の下限（0.05％）がある。
- 個人向け国債は、発行から1年経過後は国の買取りによる換金が可能である。

<table>
<tr><td>第2節</td></tr>
</table>

# 債券のリスク

　債券投資は、償還日前に中途売却すれば元本割れの可能性（金利リスク）があり、償還日まで保有した場合にも発行体が債務不履行に陥れば額面償還されない可能性（信用リスク）もある。さらに、海外を投資対象とした場合、その国の政治、経済、社会環境の変化により生じる元本回収の問題（カントリーリスク）などがある。

　しかし、その分、定期預金などに比べれば高い利回りが得られる。また、市場金利低下時に固定利付債や割引債を中途売却すれば、キャピタル・ゲイン（資産価値の上昇による利益）を得られることもある。ただし、売却によって、相対的に高いインカム・ゲイン（債券からの受取利子）を諦めることになる。市場金利低下時は主に景気後退期に該当し、景気後退期に収益率が悪化する株式投資を補完することもできる。また、一般に先進国政府の発行する国債は信用力が高いため、満期保有を前提にすれば安全性は高い。

　なお、後述する他社株交換可能社債や資産担保証券など、その収益が金利変動と発行体の元利金支払能力以外に依存する債券も増えているが、これらはデリバティブや証券化の技術が駆使されており、通常の債券に比べ高いリターンが望める分、リスクも複雑であり、注意を要する。

## ❶ 信用リスクと格付

　信用リスクの管理は、発行体の事業環境や財務諸表を検討することになるが、専門的な知識が求められる。そこで、**格付機関**によって債券格付が公表され、これを参考に投資判断を行うことができる。格付機関は、債券の投資家に信用リスクに関する情報を提供するという役割を担っている。

　格付機関は、発行体や証券会社等の債券販売業者から独立して独自の調査と検討を前提に格付を行っており、現在は、㈱日本格付研究所、ムーディーズ・ジャパン㈱、Ｓ＆Ｐグローバル・レーティング・ジャパン㈱、フィッチレーティングス㈱などの数社が金融庁

### 〔図表3-3〕格付投資情報センターの長期個別債務格付の定義

| | |
|---|---|
| ＡＡＡ | 信用力は最も高く、多くの優れた要素がある。 |
| ＡＡ | 信用力はきわめて高く、優れた要素がある。 |
| Ａ | 信用力は高く、部分的に優れた要素がある。 |
| ＢＢＢ | 信用力は十分であるが、将来環境が大きく変化する場合、注意すべき要素がある。 |
| ＢＢ | 信用力は当面問題ないが、将来環境が変化する場合、十分注意すべき要素がある。 |
| Ｂ | 信用力に問題があり、絶えず注意すべき要素がある。 |
| ＣＣＣ | 債務不履行に陥っているか、またはその懸念が強い。債務不履行に陥った債権は回収が十分には見込めない可能性がある。 |
| ＣＣ | 債務不履行に陥っているか、またはその懸念がきわめて強い。債務不履行に陥った債権は回収がある程度しか見込めない。 |
| Ｃ | 債務不履行に陥っており、債権の回収もほとんど見込めない。 |

（※）「長期個別債務格付」とは、個々の債務（債券やローンなど）の支払の確実性（信用力）についてのＲ＆Ｉの意見
　　　で、この格付は、債務不履行となる可能性と回収の可能性（債務不履行時の損失の可能性）の両方が含まれる。
　　　契約の内容や回収の可能性などを反映し、発行体格付を下回る、または上回ることがある。
　　　ＡＡ格からＣＣＣ格については、上位格に近いものにプラス（＋）、下位格に近いものにマイナス（−）の表示を
　　　することがある。
資料：株式会社格付投資情報センターホームページ

長官の登録を受けている。なお、金融商品取引法の定めにより、登録を受けた格付業者以外が付した格付については、無登録業者である旨を顧客に告げなければならないことになっている。なお、格付は、アルファベットを用いて表示される〔図表3-3〕。

　格付機関により表記方法や定義の差はあるものの、**BBB格**（ムーディーズは Baa）までは投資適格とされ、BB格（ムーディーズは Ba）以下の格付は投機的格付と呼ばれる。もちろん、投機的格付への投資は信用リスクが大きい。なお、投機的格付である企業が発行する債券をジャンク債やハイ・イールド債と呼ぶ。

　なお、格付機関の格付は随時見直されていることに注意が必要である。すなわち、発行したときは高格付であっても、償還までに格付が見直されることがある。格付が下がると、利回りが上昇し、債券価格は下落する。また、発行体の信用リスクの高低によって、同じ償還期限の債券であっても利回りは異なっている。この利回りの格差を信用リスクのプレミアム、もしくはスプレッドという。

　格付機関はあくまでも財務状況の目安としなければならない。過去にはA格から1週間で破綻した金融機関の例もあり、発行体の信用力を判断する一つの材料として用いるべきである。

## ② 金利リスク

　金利リスクとは、市場金利の変動により債券価格が変動するリスクをいう。ある発行体の債券を償還日まで保有すれば額面で戻ってくるが、保有期間中その債券の価格は上下に変動している。そのため、償還日まで保有しないで売却する場合は、その時の価格で売却することとなる。債券価格の変動は、長期金利などの市場金利が上昇（利回りが上昇）すれば債券価格は下落し、市場金利が低下（利回りが低下）すれば債券価格は上昇する。つまり、固定金利の債券にとって、他の金利が上昇すると相対的に魅力がなくなるため、価格は下がるのである。以上よりわかるように、債券の金利リスクとは、債券の価格変動リスクとして用いられる。

　また、他の条件が同じ債券を比較した場合、償還期限の長い債券（長期債）と短い債券（短期債）では**長期債**のほうが価格の変動が**大きく**、高クーポン（利子）債と低クーポン債では**低クーポン債**のほうが価格の変動が**大きい**のが一般的である。また、他の条件が同じであれば、一般に変動利付債より固定利付債のほうが価格の変動が大きくなる。

## ③ カントリーリスク

　国内に投資対象が限られるのであれば、その発行体の元利金支払能力を判断するだけで問題はない。しかし、投資対象が海外にあればそれだけでは把握しきれないリスクがある。政変や革命、戦争や紛争、為替管理などが発生すれば、発行体の元利金支払能力が高くても、元利金支払が遅延したり、回収できなかったりする場合がある。

　このように、その国の政府や政府関係機関に投資した場合、回収に問題が発生することで生じる損失をカントリーリスクと呼ぶ。カントリーリスクはその国の政治的安定性、経済的発展性、通貨の安定性、国民1人当たりの所得、国際収支、外貨準備高、対外債務残高などにわたり総合的に判断される。一般的に、カントリーリスクの高い国はその国の格付も低いことが多く、新興国の多くは先進国よりカントリーリスクは高い。もちろん、格付の低い国（カントリーリスクの高い国）の金利は先進国に比べ非常に高くなっていることが多い。なお、国の格付とは、その国の国債の格付である。

## 実務上のポイント

・債券の格付は、発行体が同一の債券であっても、発行時期や利率によって異なる格付がなされる。

・BB 格以下は投機的債券、BBB 格以上は投資適格債券とされる。

## 第 **3** 節

# 特殊な債券

## ① 転換社債、ワラント債

### (1) 転換社債（転換社債型新株予約権付社債）

　発行時には普通社債の形式をとるが、社債権者の請求により、定められた条件で社債自体を発行会社の株式に転換することができる社債を転換社債という。

　転換社債は、2002年の商法改正により、新株予約権が導入されたことに伴い、それ以後に発行決議されるものは新株予約権付社債と位置付けられることになった。実務上はワラント債と区別するため、転換社債型新株予約権付社債（あるいは非分離型新株予約権付社債で、一般には、引き続き、単に転換社債と呼ばれている）を正式名称としている。転換社債型新株予約権付社債では、新株予約権を行使してあらかじめ決められた権利行使価格で当該会社の株式を取得することができる。その場合の株式取得代金は社債により代用払込みが行われる。

　発行体の業績が思わしくなく、株価の上昇が見込めない場合には、投資家は社債として保有し続ければよい。逆に株価の上昇が見込める場合は、転換権（新株予約権）を行使して株式を取得し、キャピタルゲインを得ることができる。

　転換社債は投資家にとってこうした有利な点があるため、同じ会社の発行する同じ残存期間の社債の利回りに比べると、低い表面利率で発行される。投資家にとって転換社債は社債の安全性と株式の収益性を両方備えた金融商品といえる。

#### ① 転換の条件

　発行時には、いくらの価格で株式に転換（株式を取得）できるかの転換価格（権利行使価格）、社債券面当たり何株に転換できるかの転換株数（権利行使株数）やいつまでに転換できるかの転換請求期間（権利行使期間）が定められている。最近はこれらの条件に加え、株価が低迷した場合に転換価格（権利行使価格）を下方修正するもの（転換価格（権

利行使価格）下方修正条項）や繰上償還条項を付したものも登場している。

## ② 転換社債の評価

転換社債の評価は社債のように利回りだけでは評価できない。転換価格（権利行使価格）と株価と転換社債価格との比較が必要になる。株価と転換価格（権利行使価格）を基に算出した転換社債の理論価格をパリティと呼ぶ。

**パリティ（円）**

$$\frac{株価}{転換価格（権利行使価格）} \times 100$$

しかし、パリティはあくまで理論価格であり、投資家の転換社債に対する需給の結果で決定される転換社債の時価と必ずしも一致しない。そのズレを表す指標を乖離率（パリティ乖離率）と呼ぶ。

**乖離率（%）**

$$\frac{転換社債の時価－パリティ}{パリティ} \times 100$$

乖離率がプラスであれば、転換社債価格が株価に比べて割高であり、乖離率がマイナスであれば転換社債価格が株価に比べて割安と判断される。乖離率がプラスであれば購入時には割高であるが、売却時には株式に転換するよりは社債のままで売却したほうが有利である。乖離率がマイナスであれば、購入してすぐに転換権（新株予約権）を行使して株式を取得し、その株式を売却することで、手数料等を考慮しなければ確実にキャピタルゲインを手にすることができる。

実際に投資家が購入できる多くの転換社債の乖離率はプラスであり、その大小の度合いによって分類される。乖離率がプラスで大きな値の場合、最終利回りが高い銘柄については債券としての魅力が大きいため、利回り重視の魅力が打ち出されて販売されている。逆に、乖離率がプラスだがゼロに近い場合は、株価の変動に対して転換社債価格も変動するため、株価への連動重視ということで販売されている。

## (2) ワラント債（新株予約権付社債）

ワラント債は普通社債にワラントを付与した社債である。ワラントとは新株予約権であ

り、発行体の新株を一定の価格（行使価格）、一定の株数（行使株数）で取得できるという一種のコール・オプション（発行体株式を買うことのできる権利）のことをいう。なお、ワラント債も、2002年の商法改正により新株予約権付社債と位置付けられるようになった。分離型新株予約権付社債と呼ばれることもある。

転換社債と同様、同じ発行体の同じ残存期間の社債の利回りより、表面利率は低く抑えられている。

転換社債との違いは、ワラント債ではワラントを行使しても社債は残るという点、そしてワラントを行使する場合には、権利行使による株式取得資金が別途必要になるという点である。

ワラント債はワラント部分と社債部分（エクスワラントと呼ばれる）が切り離し可能で、別々に流通するものが多い。ワラント部分の行使は最長でも償還日までに限られており、権利行使期限には通常のコール・オプションと同様、無価値となる可能性がある。

## ❷ 他社株交換可能社債（他社株転換可能債・EB）

**他社株交換可能社債**とは、債券の発行体とは異なる株式で償還される可能性のある債券である。発行体の多くは海外の投資銀行、株式の銘柄は日本国内企業のものが多い。EBや他社株転換可能債とも呼ばれる。

転換社債が投資家の判断で株式に転換できることに対し、他社株交換可能社債は、交換対象株式の株価がある一定条件になれば強制的に当該株式で償還される点に特徴がある。転換社債の株式転換により取得した株式は、取得時点において含み益を有していることが多いが、他社株交換可能社債の株式償還により取得した株式は取得時点において含み損を抱えることが多い。

転換社債と同様に、額面当たりいくらの株価（行使価格）で、何株の株券、または何株相当の現金で償還されるかが発行時点に決まっている。他社株交換可能社債は、この株式償還の条件別に、ディスカウント型、ノックアウト型、ノックイン型に分けられる〔図表3－4〕。特にノックアウト型、ノックイン型は償還日近くの株価だけではなく、発行日以降償還日近くまでの株価の最高値や最安値に依存するため、経路依存型と総称される。

投資家が株式償還のリスクを負うため、表面利率は高く設定される。転換社債とは異なり、流通市場は皆無といってよく、投資家が最後まで持ちきることを前提にして発行される。換金性に劣る商品であるため、償還日まで1年以下のものが多い。

**〔図表3-4〕他社株交換可能社債のタイプ**

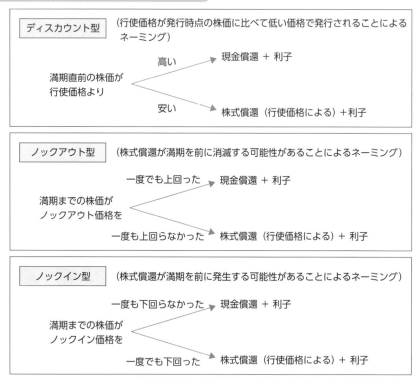

## ❸ デュアルカレンシー債、リバース・デュアルカレンシー債、リバース・フローター債

　**デュアルカレンシー債**は、払込みと利払いが円建てで行われ、償還が外貨建てで行われる債券である。一方、**リバース・デュアルカレンシー債**は、払込みと償還が円建てで行われ、利払いが外貨建てで行われる債券である。

　なお、**リバース・フローター債**（逆変動利付債）は、金利スワップを組み込むことで、クーポンが市場金利と逆方向に変動するように設計された債券であり、クーポンが「固定金利－変動金利（市場金利）」とされ、市場金利が上昇すると、受け取る利払金が減少するという特徴がある。

〔図表3－5〕コーラブル型の株価指数連動債

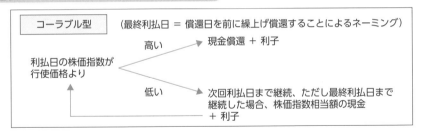

## ❹ 株価指数連動債（リンク債）

他社株交換可能社債は株式償還の場合、個別株により償還されるが、個別株でなく、一定数量の株価指数相当の現金で償還するものが株価指数連動債である。

券面当たり何枚分の株価指数で償還されるかが決められていて、償還時点の株価指数を基に計算され、現金で償還される。額面については100％現金償還で、クーポンが株価指数に連動するものもあるが、他社株交換可能社債と同様に、元本リスクのあるタイプのものが圧倒的に多い。たとえば、早期償還条項が付いている株価指数連動債は、参照する株価指数の変動によって償還金額などが変動し、満期償還日よりも前に償還されたり、償還金額が額面金額を下回ったりする可能性がある。

また、ノックイン型やノックアウト型以外にも、最終の償還期限が3〜5年と比較的長いコーラブル型が発行されている〔図表3－5〕。なお、株価指数を基にした現金償還ではなく、株価指数連動型の ETF（上場投資信託）により償還するタイプも発行されている。

## ❺ 貸借取引、レポ取引、現先取引

### （1）貸借取引とレポ取引

貸借取引とは、債券の消費貸借取引をいう。消費貸借取引とは民法上、対象物を消費することを目的として対象物の借入れを行い、同一物ではなくとも同種同量のものを返済すれば足りる取引のことをいう。従来は、無担保の取引は金融機関間の取引が中心であった。有担保の貸借取引も存在していたが、利便性の低さから取引が膨らまなかった。

　レポ取引（現金担保付債券貸借取引）とは、現金を担保とする債券の貸借取引である。レポ取引において債券の貸手は担保に相当する現金を受け取り、債券の借手は担保に相当する現金と、賃借料に当たる金利（レポレートという）を引き渡す。

　担保に相当する現金額は取引開始時の債券の時価をベースに算出される。債券の時価は変動するため、レポ取引終了までに担保が不足したり、余剰になったりすることもある。そこで日々担保の過不足額を計算し、担保となる現金の調整が行われる。これを値洗いと呼び、過不足額について許容範囲を設けずに過不足額を値洗い日の翌営業日に受払いする方法（マージンコール方式）が一般的である。

## (2) 現先取引

　現先取引は、レポ取引が現金を担保に債券を貸し借りすることに対し、債券を担保に現金を貸し借りする取引である。一定期間後に一定の価格で債券を受け渡すことを条件に買付け（買い現先）、売付け（売り現先）を行う。したがって、受け取る金額と支払う金額が契約時点で確定することになり、一定期間の資金の運用・調達になるといえる。

# 債券の利回り計算

## ❶ 複利と利回り

### (1) 複利の概念

　固定利付債や割引債の場合、償還金に加え、利払額（固定利付債の場合）が事前に確定している。これらから利回りを逆算することができる。

　計算方法として、償還日までに一定間隔で発生する利付債の利子受取を再投資すると考える複利の利回り計算方法がある。割引債の場合は1年ごとや半年ごとにいったん運用をやめて、再度同じ割引債で運用するといった考え方になる。

　この複利の計算方法によれば、利子を投資開始後早い時期に受け取ることができればできるほど再投資期間が長くなり、効率的な資金運用となる。

　利回りは債券間の比較に役に立つが、比較する際は単利の利回りでの比較なのか、複利の利回りでの比較なのか注意する必要がある。

　なお、利付債の複利利回りの場合、それぞれの利払時点は異なり、同じ利回りで受け取った利子を再運用できる保証はないが、同じ利回りで再運用できると仮定したうえでの計算となる。

### (2) 利率と利回りの違い

　利率とは、額面金額に対する毎年受け取る利子の割合のこと。債券の利率は、発行するときの金利水準や発行体の信用力等に応じて決められる。利回りとは、投資金額に対する利子も含めた収益（収益）の割合である。

　額面100万円で利率5％の債券を購入した場合、1年後に5万円の利子を受け取る。この場合、額面100万円で1年間に5万円の利子を得たため、利回りも5％となる。

　額面100万円、利率5％の債券を95万円で購入し、償還（満期）まで1年保有して額面

（100万円）で償還した場合、1年間に差額5万円と利子5万円の計10万円を受け取るため、年利回りは10％となる。なお、償還期間が2年の場合は、差額5万円と利子10万円の計15万円を2年間で受け取るため、年利回りは7.5％（$=\dfrac{15万円}{2年}\times\dfrac{1}{100万円}\times100$）となる。

## （3）利付債券の利回りの公式

国内では、利付債の売買に関する利回りの表示を単利計算によって行っている。

### ① 応募者利回り

新規発行された債券を購入して償還期限まで保有した場合の投資成果は、応募者利回りで計算する。計算式は以下のとおりである。

$$応募者利回り（\%）=\dfrac{年利子+\dfrac{額面（100円）-発行価格}{償還年限}}{発行価格}\times100$$

《例》表面利率1.5％、発行価格99.50円、償還年限3年の債券を新規発行時に買い付けた場合の応募者利回りは、

$$\dfrac{1.5円+\dfrac{100円-99.50円}{3年}}{99.50円}\times100≒1.675\%$$

### ② 最終利回り

新規発行された後に途中で購入し、償還期限まで保有した場合の投資成果は、最終利回りで計算する。計算式は以下のとおりである。

$$最終利回り（\%）=\dfrac{年利子+\dfrac{額面（100円）-買付価格}{残存年数}}{買付価格}\times100$$

《例》表面利率1.5％、買付価格99.70円、残存年数2年の債券の最終利回りは、

$$\dfrac{1.5円+\dfrac{100円-99.70円}{2年}}{99.70円}\times100≒1.655\%$$

### ③ 所有期間利回り

新規発行された債券を購入し、または新規発行された後に途中で購入し、償還期限まで保有せずに途中で売却した場合の投資成果は、所有期間利回りで計算する。計算式は以下のとおりである。

$$所有期間利回り（％）＝\frac{年利子＋\dfrac{売却価格－発行（買付）価格}{所有期間}}{発行（買付）価格}×100$$

《例》表面利率1.5％、買付価格98.30円、所有期間4年、売却価格101.20円の債券の所有期間利回りは、

$$\frac{1.5円＋\dfrac{101.20円－98.30円}{4年}}{98.30円}×100≒2.263％$$

④ **直接利回り**

直接利回りとは、投資元本に対して毎年いくらの利子収入があるかを示す利回りで、「直利」とも呼ばれる。計算式は以下のとおりである。

$$直接利回り（％）＝\frac{年利子}{買付価格}×100$$

《例》表面利率1.5％、買付価格98.30円の債券の直接利回りは、

$$\frac{1.5円}{98.30円}×100≒1.526％$$

## (4) 割引債の利回りの公式

### ① 割引債の単利利回り

1年以内に償還される割引債の利回りは単利方式で計算される。計算式は以下のとおりである。

$$割引債の単利利回り（％）＝\frac{額面（100円）－買付価格}{買付価格}×\frac{365}{残存日数}×100$$

### ② 割引債の複利利回り

償還期限が1年超の割引債の場合は、複利利回りを計算する。計算式は以下のとおりである。

$$割引債の複利利回り（％）＝\left(\sqrt[残存年数]{\frac{額面（100円）}{買付価格}}－1\right)×100$$
$$買付価格×（1＋割引債の複利利回り）^{残存年数}＝額面（100円）$$

《例》残存年数4年、買付価格95.50円の割引債を買い付けた場合の利回りは、

$$\left( \sqrt[4\text{年}]{\frac{100\text{円}}{95.50\text{円}}} - 1 \right) \times 100 \fallingdotseq 1.158\%$$

**注** √記号の計算方法について

√記号はべき乗根を示す数学記号。一般の電卓では、√の中の数値を置いて、☑キーを押すと解が示される。☑キーを 2 回押すと $\sqrt[4]{x}$　、つまり 4 乗根（4 乗すると $x$ になる値）が示され、☑キーを 3 回押すと $8\sqrt{x}$、つまり 8 乗根（8 乗すると $x$ になる値）が示される。これは、$n\sqrt{x}$ を別の算式で示すと、$x^{\frac{1}{n}}$ ということであるから、2 の☑キーを押した回数乗のべき乗根を得ることができる。

また、MS エクセル等のパソコンの計算ソフトでは、セルに「＝x^(1/n)」と入力すると、$x$ の $n$ 乗根を求めることができる（「＾」は、JIS 規格のキーボードを使用している場合、「Back Space」キーの 2 つ左にある）。具体的に示すと、「$5\sqrt{10}$」、つまり10の 5 乗根を求める場合には、「＝10^(1/5)」と入力すると「1.584893……」と、解が表示される。

## (5) 債券価格の計算（単利ベース）の公式

利付債券の場合、最終利回りの計算式を展開することにより、債券価格（単価）を計算することができる。

$$債券価格（単価）= \frac{額面（100円）＋年利子×残存年数}{1 + \dfrac{最終利回り（\%）}{100}×残存年数}$$

《例》最終利回り2.0％、表面利率1.0％、残存年数 4 年の利付債券の債券価格は、

$$\frac{100+1.0円×4\,年}{1+\dfrac{2.0}{100}×4\,年} \fallingdotseq 96.30円$$

## (6) 債券価格の計算（複利ベース）の公式

割引債券の場合、複利最終利回りの計算式を展開することにより、債券価格（単価）を計算することができる。

$$割引債券の単価（円）= \frac{100}{（1＋利回り）^{残存年数}}$$

《例》（複利）最終利回り0.3％、残存年数 4 年の割引債券の債券価格（単価）は、

$$\frac{100}{（1＋0.003）^{4\,年}} \fallingdotseq 98.81円$$

## (7) 経過利子の計算の公式

利付債を売買する場合、経過利子に注意する必要がある。

債券の利子は後払いであり、利払い前に売却すると、前回利払日から売却まで保有したことによる利子の一部を売手は受け取ることはできない。逆に、買手は保有しなかった期間の利子の一部まで受け取れることになる。そこでこの不公平を調整するものが経過利子と呼ばれるものである。経過利子は余分な利子を受け取る債券の買手から債券の売手に支払われる。従来、経過利子から源泉分離課税相当額（復興特別所得税を含めて20.315％）を控除した金額で受け渡されていたが、2016年1月1日以後に利払期日を迎える国内債券の利子に係る利子計算期間の初日以後に受渡しを行う取引からは、税相当額は控除されず経過利子全額が受け渡されることになった。

### ① 新規発行の債券の購入代金

$$
\text{新規発行の債券の購入代金} = \text{額面金額} \times \frac{\text{発行価格}}{100}
$$

《例》発行価格99.50円の債券を額面100万円購入した場合の購入代金は、

$$
100万円 \times \frac{99.50円}{100} = 99万5,000円
$$

### ② 既発債（新規発行後）の購入代金

$$
\text{既発債の購入代金} = \text{額面金額} \times \frac{\text{買付価格}}{100} + \text{経過利子}^{(※)} (+\text{手数料})
$$

$$
(※)\ \text{経過利子} = \text{額面金額} \times \frac{\text{表面利率}}{100} \times \frac{\text{前回利払日の翌日から売買受渡日までの経過日数}}{365日}
$$

《例》表面利率2％、利払日3月20日と9月20日、額面100万円の債券を買付単価99.80円で購入し、6月1日受渡しの場合の購入代金は、

$$
100万円 \times \frac{99.80円}{100} + 100万円 \times \frac{2\%}{100} \times \frac{73日}{365日} = 100万2,000円
$$

(手数料は考慮しない)

### ③ 売却代金の計算方法

$$
\text{既発債の売却代金} = \text{額面金額} \times \frac{\text{売却価格}}{100} + \text{経過利子} (=\text{手数料})
$$

《例》表面利率2％、利払日3月20日と9月20日、額面100万円の債券を99.30円で売却

し、6月1日受渡しとした場合の売却代金は、

$$100万円 \times \frac{99.30円}{100} + 100万円 \times \frac{2\%}{100} \times \frac{73日}{365日} = 99万7,000円$$

（手数料は考慮しない）

## 例 題

**Q:**

以下の①割引債券の1年複利計算による最終利回り、②固定利付債券の単利計算による最終利回りをそれぞれ求めなさい。計算結果は％表示の小数点以下第3位を四捨五入すること。

|  | 割引債券 | 固定利付債券 |
|---|---|---|
| 単価 | 96.95円 | 100.90円 |
| 償還価格 | 100.00円 | 100.00円 |
| 表面利率 | — | 1.25% |
| 残存期間 | 4年 | 6年 |

**A:**

① 割引債券の最終利回り

$$\left( \sqrt[4]{\frac{100円}{96.95円}} - 1 \right) \times 100 = 0.777\cdots \rightarrow 0.78\%$$

② 固定利付債券の最終利回り

$$\frac{1.25円 + \dfrac{100.00円 - 100.90円}{6年}}{100.90円} \times 100 = 1.090\cdots \rightarrow 1.09\%$$

## ❷ 債券の分析方法

### (1) 市場リスクの測定とデュレーション

　前述のとおり、市場金利上昇時に債券価格は下落し、市場金利低下時に債券価格は上昇する。しかし、市場金利1％上昇時にどの債券も決まった比率だけ債券価格が下落するわけではない。このことは市場リスクの度合いが債券ごとに異なるということを意味する。

　債券の市場リスクの度合いは、**デュレーション**により表すことができる。デュレーションとは債券の**平均回収期間**を表すとともに債券投資におけるリスク指標である。債券は購入時点で資金を必要とする。その資金を回収できる平均的な年数が平均回収期間である。

　たとえば、額面100円、利払いが年1回払い、利率10％の20年利付債券であれば、毎年10円ずつ20年間、利子を受け取れることになる。この債券が100円で購入できたとしたら、償還年限の20年を待たずにおよそ10年たてば投資資金の100円を回収できるといった見当はつく。このとき平均回収期間であるデュレーションはおよそ10年といえる。

---

**デュレーションの計算**

$$\frac{1 \times \dfrac{C}{1+r} + 2 \times \dfrac{C}{(1+r)^2} + \cdots + n \times \dfrac{C+100}{(1+r)^n}}{\dfrac{C}{(1+r)} + \dfrac{C}{(1+r)^2} + \cdots \dfrac{C+100}{(1+r)^n}}$$

利払い（年1回払い）：C
複利最終利回り：r
残存年数：n

---

　デュレーションには別の意味もある。市場金利の変化率（たとえば1％の上昇）に対して、デュレーション分だけ価格変化（デュレーション％の下落）が起こるという目安になる。

　デュレーションの**長い**債券は市場リスクが**大きく**、デュレーションの**短い**債券は市場リスクが**小さい**と判断できるのである。デュレーションが5年の債券であれば、1％の市場金利の変化に対し、5％債券価格が変化する。

　それでは、デュレーションはどうなると長くなったり、短くなったりするのだろうか。上記の利率10％の20年利付債券が利率5％になると、毎年の受取利子は5円となり、回収までに20年近くかかる。利率が低くなるとデュレーションは長くなり、利率が高くなるとデュレーションは短くなることが推測される。

〔図表3−6〕債券の利回りと価格の関係

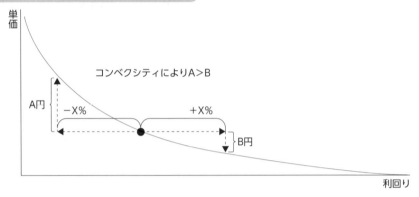

また、利率5％であっても20年利付債券ではなく10年利付債券であれば、10年後には元本が償還されるため、回収までの期間が10年程度に短くなる。残存期間が短くなるとデュレーションも短くなり、残存期間が長くなるとデュレーションも長くなることがわかる。

以上のことから債券は利率が**低く**、残存期間が**長い**ほど金利リスクが**大きく**なると結論付けられる。また、**割引債**には利子がないので、デュレーションは残存期間と**一致**する。

利回りの変化率に対する債券価格の変化率を示す指標としては、修正デュレーションが用いられ、修正デュレーションは、金利の変化に対する債券価格の変化の割合で表される。

## (2) コンベクシティ

利回りと価格の関係は、利回りを横軸、単価を縦軸にとると〔図表3−6〕のように右下りのグラフになる。利回りを単利と仮定すると、このグラフの曲線は以下の算式で表される。

**利付債券の単価**

$$\frac{100+利率×残存年数}{1+\dfrac{利回り}{100}×残存年数}$$

この式の分子は定数であるため変わらない。利回りが上がる（下がる）と分母が大きく（小さく）なり、分母が大きく（小さく）なると単価は下がる（上がる）。

また、このグラフは右下りといっても直線にはならず、左下に向けてくぼんだ形状（下に凸）のグラフとなる。この債券の価格の性質をコンベクシティと呼ぶ。

コンベクシティが大きいほど「価格利回り曲線」の曲線度が大きくなり、債券の投資家

にとっては有利になる。投資家にとっては利回りが低下するときには大きく単価は上がり、利回りが上昇するときには少ししか単価が下がらない。

## ❸ 現在価値

　1年後に100万円を受け取るのと、現在100万円を受け取るのとではどちらが好ましいかという質問をすると、多くの人が現在100万円を受け取るほうが好ましいと答えるであろう。すぐに使いたいという理由も考えられるが、そうでない限りは100万円を受け取って、1年間運用すれば利息（運用益）が付き、1年後には100万円以上の金額を受け取れるからである。

　現在いくらの価値があるかを現在価値と呼ぶ。上記のとおり1年後に受け取る100万円の現在価値は、今すぐに受け取る100万円の現在価値より小さい。現在X万円受け取り、それを1％で1年間運用して、1年後に100万円になるときのX万円は以下のとおり計算できる。

　100万円÷（1＋1％）＝99万99円

　つまり、このとき1年後の100万円の現在価値は99万99円といえるのである。ここで使った1％という金利を割引率という。

　割引率は支払までの期間によって異なる。長期金利が短期金利より高い状況下では、一般的に割引率は期間が長いほど高くなる。

　たとえば、1万円を年率5％で運用する場合、5年後の将来価値は1万2,762円となる。逆に年率5％で5年間運用する場合、5年後の1万円と同じ価値を持つ現在価値は7,835円である。この複利で考える計算式は以下のようになり、5年間で計算をする場合は、（1＋利率）を5回繰り返すことになる。

　こうした分析には、**イールド・カーブ**（Yield Curve、利回り曲線）が用いられる。〔図表3−7〕は、横軸に債券の残存期間、縦軸に債券の利回りをとり、各債券をプロットして、それらを結んだ曲線で、債券の残存期間と利回りの関係を示す。イールド・カーブは、通常、残存期間の長い債券ほど利回りが高くなり右上りの曲線（**順イールド**）となるが、市場で金利低下が予想されているようなときには、右下りの曲線（**逆イールド**）となる。国債のイールドカーブが逆イールドになると、将来景気後退に向かう可能性があると言われている。

　また、**長短金利差**が**縮小**してくると傾斜が小さくなり、**フラット**化し、長短金利差が**拡**

第3章

大してくると傾斜が大きくなり、**スティープ化**する。なお、イールド・カーブが順イールドの状態にあるとき、時間の経過に伴って利回りが低下（債券価格が上昇）し、キャピタルゲインが期待される効果のことを、**ロールダウン効果**という。イールドカーブの右上がりの傾斜が大きくなるほど、ロールダウン効果が高くなり、多くのキャピタルゲインを得ることが期待できる。

**注** 単価の計算方法は前述のとおりであるが、債券から発生する利子や元本償還のキャッシュフローそれぞれの現在価値合計が単価になるとするのが、最も厳密な単価計算の方法である。利付債の米国式半年複利利回り計算式を使って、利回りRを基に単価を計算することもできるが、期間に関係なく共通のRを使って計算しているため、期間ごとに異なる金利を使用して計算するキャッシュフローの現在価値合計を単価とするほうがより正確といえる。

**〔図表3－7〕イールド・カーブ**

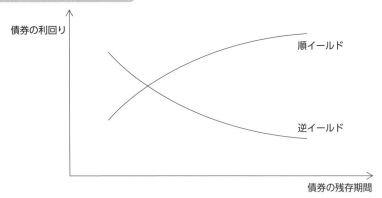

**実務上のポイント**

- デュレーションとは、投資の平均回収期間を示す尺度であるとともに、市場金利の変化に対する債券価格の変動性を示す尺度である。
- 割引債券には利子収入がないため、割引債券のデュレーションは債券の残存期間と等しくなる。
- 短期金利と長期金利の差が大きくなることはイールド・カーブのスティープ化、短期金利と長期金利の差が小さくなることはイールド・カーブのフラット化という。

# 第4章

# 株式投資

# 株式の仕組みと分類

## ❶ 株式の仕組み

　株式とは、一般的には株式会社に出資する出資者（株主・投資家）の持分を表示した有価証券を指す。出資者の資金を元手に株式会社は事業活動を行うことで利益を上げ、配当として株主に利益を還元（インカムゲイン）し、または利益を再投資して企業価値を高めることによって株価の上昇をもたらす（キャピタルゲイン）ことになる。

　株主としての権利を表象する証書を株券という。なお、原則として上場企業ではペーパーレス化によって、株券は電子化されている。

　株式への出資者は、株主名簿に登録されて株主となる。株主は、自益権として、配当を受ける権利（剰余金配当請求権）と解散に伴う残余財産の分配を受ける権利（残余財産分配請求権）等を有し、株主総会の議決権等を有する。

　株式として調達された資金は、原則として出資者への返還（償還）を前提とせず、財務諸表上、純資産として計上されるので、負債として計上される社債や借入金とは異なる。したがって、株主は株式を譲渡することにより投資資金を回収することになる。また、このことから、財務諸表上の資本を自己資本、負債を他人資本と表現することもある。

　なお、株式が流通を前提とする有価証券であることから、現に株券を保持する者が株式の所有者と推定される（株主名簿に登録された名義人が株式の所有者であるとは限らない）が、株式の発行会社は配当の支払通知や株主総会の開催通知等を株主宛てに送付すればよいことになっている。

　株式は、その権利の内容によって普通株式とそれ以外の種類株式に分類される。

### (1) 普通株式

　普通株式とは、一般的な株主の権利を持つ株式のことである。現在、発行されているほとんどの株式が普通株式である。

## (2) 種類株式

#### ① 剰余金の分配に関する種類株式

ほかの種類の株式よりも優先的に配当を受ける権利を持つ株式を優先株という。また、一般の株式に配当した残りの剰余金からしか配当を受けられない株式を劣後株という。

#### ② 残余財産の分配に関する種類株式

会社が解散したときの残余財産の分配について異なる扱いをする種類の株式である。

#### ③ 議決権制限株式

議決権が全くない株式や総会決議事項の一部についてのみ議決権がある株式など、完全な議決権のある株式以外を議決権制限株式という。

#### ④ 譲渡制限株式

譲渡に会社の承認が必要な株式である。全部の株式について譲渡を制限することもできるし、ある種類の株式だけ譲渡を制限することもできる。

#### ⑤ 取得請求権付株式

株主が請求すれば会社が買い取ることを発行の時から約束している株式である。全部の株式についてこの約束を付けることもできるし、ある種類の株式だけに付けることもできる。株式を発行してから一定期間後に株主が会社による取得を請求できることにしておけば、会社はその期間の資金需要を賄うことができ、また配当の負担を減らすことができる。配当優先株の取得の対価を普通株にしておくと、取得請求権が行使された時優先株が普通株に変わり、配当の負担が軽くなる。

#### ⑥ 取得条項付株式

定款や取締役会等の決議で定めた日または定款で定めた事由が発生した日が到来すれば、株主の同意を得ずに会社が株主から株式を買い取ることを発行の時に定めた株式である。全部の株式についてこの条項を付けることもできるし、ある種類の株式だけに付けることもできる。

#### ⑦ 全部取得条項付株式

一定の種類株式について、当該会社の株主総会の決議により、その全部を取得することができる株式である。

#### ⑧ 拒否権付種類株式（黄金株）

株主総会や取締役会の決議事項について、その決議のほか、一定の種類株主総会の決議を必要とする株式である。当該種類株主は拒否権を持つことになる。

第4章

#### ⑨ 役員選任権付種類株式

当該種類株式の種類株主を構成員とする種類株主総会において取締役または監査役を選任することを定めた株式である。

## (3) 売買単位

売買単位とは、売買するときの最低株数のことで、2018年10月1日以降、全国の証券取引所では売買単位を**100株**で統一している。つまり、1株800円の株は、8万円（手数料抜き）から購入することができる。売買は100株の整数倍でのみ可能である。

# ② 株式市場

株式の市場には、発行市場と流通市場、取引所市場と店頭市場、国内市場と海外市場などの種類がある。

発行市場は、新規発行する株式の募集を行う市場であり、株主割当増資も含まれる。発行市場には具体的な取引の場所としての市場は存在せず、発行会社、証券会社、投資家の3者によって構成されている。流通市場には、国内市場と海外市場でそれぞれ取引所市場と店頭市場がある。なお、日本証券業協会が創設している上場廃止銘柄の換金と上場廃止会社の再生を援助するための「フェニックス銘柄制度」（2016年6月以降、指定されている銘柄はない）や地域に根差した企業等の資金調達を支援する観点から、非上場株式の取引の換金ニーズに応えることを目的として2015年5月に創設された「株主コミュニティ制度」も流通市場といえる。

## (1) 取引所市場

国内の取引所市場は、札幌、東京、名古屋、大阪、福岡の5つの金融商品取引所（札幌と福岡は会員組織、東京、名古屋、大阪は株式会社組織）において開設されている。

取引所市場では、大量の需給統合による公正価格の形成を目指して、価格優先、時間優先による競争取引が行われる。東京証券取引所は、2022年4月4日に、従来の市場第一部、市場第二部、東証マザーズ、JASDAQという市場区分を「プライム市場」「スタンダード市場」「グロース市場」の3市場に再編した。また、名古屋証券取引所も、2022年4月4日に、従来の市場第一部、市場第二部、セントレックスという市場区分を「プレミア市場」「メイン市場」「ネクスト市場」の3市場に再編している〔図表4−1〕。

**〔図表4－1〕 日本の株式市場**

2013年7月16日より大阪証券取引所の現物市場が東京証券取引所の現物市場と統合、2014年3月24日に東京証券取引所のデリバティブ市場が大阪証券取引所のデリバティブ市場に統合され、大阪証券取引所は「大阪取引所」に名称が変更された。

## (2) 店頭市場

店頭市場とは、取引所市場での取引を除いたすべての取引が行われる市場のことで、当事者間での相対取引（店頭取引）となり、取引価格は当事者間で自由に決められる。

# ❸ 株価指数

株式市場の動向を示す指標にはさまざまなものがある。

株価指数には、平均株価型と時価総額型があり、国内株式に関する主な株価指数は、〔図表4－2〕のとおりである。なお、株価指数は配当落ちを修正せず、また、単純平均株価以外では、株式分割等の権利落修正が行われて指数の連続性が保たれるようになっている。

第4章

**〔図表4-2〕国内の主な株価指数とその特徴**

| 株価指数の名称 | 株価の種類 | 指数の特徴 |
|---|---|---|
| 単純平均株価 | 平均株価 | 対象銘柄の株価合計を銘柄数で除して算出 |
| 日経平均株価(日経225) | 平均株価 | 東証プライム市場上場銘柄から選定した225銘柄の修正平均から算出 |
| 東証REIT指数 | 時価総額 | 東証上場J-REIT(不動産投信)全銘柄の時価総額から算出 |
| 東証株価指数(TOPIX) | 時価総額 | 一定の基準を満たす東証プライム市場、スタンダード市場、グロース市場上場銘柄の浮動株調整後の時価総額から算出 |
| JPX日経インデックス400 | 時価総額 | 東証プライム市場、スタンダード市場、グロース市場上場銘柄から選定した400銘柄の浮動株調整後の時価総額から算出 |

(※) 2022年4月4日の東証市場再編後は、新たに「東証プライム市場指数」「東証スタンダード市場指数」「東証グロース市場指数」が算出、公表されている

## (1) 市場全体の相場動向を示す指標

### ① 単純平均株価

全銘柄にわたる当日の株価の終値を合計してそれを銘柄数で割って算出した指標。平均的な株価の水準とその動きを判断するものとしてはわかりやすいが、いくつかの欠点をもつ。

その1つは、品薄で値が高い株(**値がさ株**)が大きく取引されたときには、それだけで平均株価の動きが実態以上に変動すること。2つ目には、増資に伴う権利落ち[注]によって生じる株価の下落が一切考慮されないことである。つまり増資の権利落ちのたびに単純平均株価は下がる。したがって、長期的な株価動向を単純平均株価だけでは判断できない。

[注] 既存の株式に対して新株が割り当てられる場合、その権利がなくなった状態を「権利落ち」といい、権利落ちにより理論的には株価が下がることになる。

### ② 日経平均株価(日経225種平均株価)

日本経済新聞社が算出、公表している指標。東証プライム市場に上場されている約1,800銘柄から代表的な225銘柄を選び、一定の算式を用いて算出される。権利落ちに伴う価格変動を調整したうえで計算される。ただし、後述の東証株価指数(TOPIX)のように株式数で加重平均するという考え方は採用されていない。

なお、指標性や連続性を維持するために毎年1回10月に、「定期入替え(見直し)」で構

成銘柄が入れ替えられる（見直しの結果、入替え銘柄がない年もある）。また、経営破綻や経営再編などで欠員が出る場合には「臨時入替え」で銘柄を補充している。なお、2022年4月4日の東証市場再編以前は、東証第一部市場上場銘柄から選定されていた。

### ③ 東証株価指数（TOPIX）

東京証券取引所が算出、公表している指標。一定の基準を満たす東証プライム市場、スタンダード市場、グロース市場上場銘柄を対象とする時価総額加重型の株価指数である。

東証株価指数は日経平均株価といくつかの点で異なっている。

1つ目は、東証株価指数は平均株価ではなく指数であるということである。基準となる1968年1月4日の東証第一部市場（当時）の時価総額を100として指数化している。

2つ目は、日経平均株価の対象銘柄が225銘柄に限定されているのに対し、一定基準を満たす東証3市場上場約2,000銘柄を対象に指数が作成されていることである。そのため、日経225種平均株価に比べて株式市場全体の値動きを反映する。

3つ目は、時価総額をベースに（したがって株式数で加重平均）して計算されることである。このため、日経平均株価のように特定の値がさ株の動向に大きく左右されるといった難点はない。増資、新規上場、転換社債の株式転換などにより上場株式数が変動する場合は、その分だけ基準とする時価総額が修正される。これにより株価の連動性が保たれる。

また、東証株価指数は、2005年10月末、2006年2月末、同年6月末の3回にわたる段階的な移行措置を経て、浮動株を基準とした指数に衣替えされた。浮動株とは、実際に市場に流通している株式のことであるが、東京証券取引所では、親会社や役員が保有する株式等、実際に市場で売買される可能性の低い株式（固定株）を上場株式数から除いた株式を浮動株として、東証株価指数の算定基準に用いている。なお、2022年4月4日の東証市場再編後も一定の基準を設けたうえで、プライム市場、スタンダード市場、グロース市場から銘柄を選定しており、流通株式時価総額100億円未満の銘柄については「段階的ウエイト低減銘柄」とし、2022年10月末から2025年1月末まで、四半期ごとに10段階で構成比率を低減させていく予定である。また、プライム市場に新規上場する銘柄等は、所定の方法により採用される予定である。

> **注** 東証株価指数（TOPIX）、日経平均株価ともに個別銘柄が指数に占めるウエイトに上限を設定している。東証株価指数（TOPIX）は10%、日経平均株価は2024年10月以降の定期見直しでは10%としている。ウエイトの上限を超えた場合は、ウエイトを一時的に引き下げるために調整がはいる。

### ④ JPX日経インデックス400

東京証券取引所の3市場（プライム、スタンダード、グロース）上場銘柄を対象とし、ROEや営業利益等の指標等により選定された400銘柄で構成される浮動株調整後の時価総

額加重型の株価指数である。基準時を2013年8月30日（終値）に置き、その日の時価総額を10,000として、その後の時価総額を指数化している。

### ⑤ 海外の株式市場の指標

海外の株式市場の相場動向を示す指標としては、アメリカの**ダウ工業株30種平均**（ニューヨーク証券取引所および NASDAQ に上場している米国経済を代表する30銘柄の修正平均株価）をはじめ、米国株式市場の代表的な500社の時価総額加重平均型株価指数である S&P500種株価指数、米国の店頭市場であるナスダック（NASDAQ）市場で取引されている全銘柄を対象とする時価総額加重型の**ナスダック総合指数**、イギリスの時価総額加重平均型株価指数である **FTSE100指数**、ドイツの **DAX 指数**、フランスの **CAC40指数**、中国の上海総合指数、香港のハンセン指数、インドのムンバイ証券取引所の SENSEX30種指数などが重要である。いずれもそれぞれの市場全体の平均的な株価あるいは株価指数を表す〔図表4－3〕。

ほかにも、著名な投資家であるウォーレン・バフェット氏が、株価の割安・割高を判断するときに使用しているといわれる**バフェット指数**などがある。これは、株式市場全体の相場の過熱感を示す指数とされており、株式市場の時価総額を名目 GDP で除すことで算出される。一般に、この数値が100％を上回るとき、株価は割高の状態であるとされる。

また、シカゴオプション取引所が S&P500 種指数のオプション取引のボラティリティを基に算出・公表している **VIX 指数**（Volatility Index：恐怖指数）などもある。これは、株式市場に対する投資家心理を表すもので、一般に、投資家が将来の先行きに対して不安を

### 〔図表4－3〕海外の代表的な株価指数

| 名称 | 国 | 対象銘柄 | 算出方法 |
|---|---|---|---|
| ダウ工業株30種平均（ニューヨーク・ダウ） | アメリカ | 工業株30銘柄 | 修正平均 |
| S&P500 | アメリカ | 主要な500銘柄 | 時価総額加重方式 |
| ナスダック総合指数 | アメリカ | 上場全銘柄（3,000銘柄以上） | |
| FTSE100種総合株価指数 | イギリス | 時価総額上位100銘柄 | |
| DAX 指数 | ドイツ | 主要40銘柄 | |
| CAC40指数 | フランス | 主要40銘柄 | |
| 上海総合指数 | 中国 | 上場全銘柄（A株・B株） | |
| ハンセン指数 | 香港 | 流動性の高い上位銘柄 | |
| SENSEX 指数 | インド | 時価総額上位30銘柄 | |

持っていると、この数値が高まる傾向にある。

## （2）業種別、規模別の相場動向を示す指標

### ① 業種別株価指数等

日経500種平均株価採用銘柄を36の業種別に分類した業種別日経平均や、東証の33種業種分類により算出する東証業種別株価指数があり、業種別インデックスファンド等はこれらの業種別平均株価（または指数）の動きに連動するように設計されている。

### ② 規模別株価指数

東証株価指数（TOPIX）を補完する指数の一つで、TOPIX 構成銘柄の中から、時価総額と流動性が高い上位100銘柄（TOPIX100の算出対象）を「大型株」、大型株に次いで時価総額と流動性が高い上位400銘柄（TOPIX Mid400の算出対象）を「中型株」、大型株・中型株に含まれない全銘柄（TOPIX Small の算出対象）を「小型株」と分類している。

## （3）市場のコンディションを示す指標

### ① 売買高（出来高）、売買代金

売買高とは、取引所で売買された結果、売り方から買い方に渡った株式数であり、売買代金とは、株式の売買の結果、買い方から売り方に渡った代金である。株式市場の人気を測るためにはよく売買高が利用される。一般的に、株価が上昇をたどっている時期には売買高が増え、逆に相場が低迷しているときには売買高が減少する傾向を示すためである。特に、東証プライム市場の売買額は注目されている。

### ② 大商い10銘柄占有率（売買高上位10銘柄占有率）

売買高が特に大きないわゆる大商い株（上位10位）について、その市場占有率を示した指標。先導株比率とも呼ばれ、この比率が高いことは特定の銘柄への人気が集中していることを意味する。

### ③ バスケット取引の額

同時に多数の銘柄を売り付ける、または買い付ける取引形態のことをいう。東京証券取引所では、15銘柄以上かつ1億円以上の大口の取引で行われ、大口の投資家がまとまった銘柄の取引をしたいときに証券会社が執行コスト分を上乗せ（コスト分を割引）して売る（買う）ことにより約定を行う。

東京証券取引所では、前場の終了後に大口のバスケット取引が約定されるため、後場（午後の取引時間）の動向に大きな影響を与える。

## 実務上のポイント

- FTSE100指数は、ロンドン証券取引所に上場している銘柄のうち、時価総額が大きい100銘柄を対象とする時価総額加重型の株価指数である。
- VIX指数は、S&P500種株価指数を対象としたオプション取引のボラティリティを基に算出・公表されている指数であり、一般に、数値が高いほど、投資家が相場の先行きに対して警戒感を示しているとされている。
- ダウ工業株30種平均は、ニューヨーク証券取引所およびNASDAQに上場している米国経済を代表する30銘柄を対象とする修正平均型の株価指数である（時価総額加重型ではない）。

# 株式の取引

　上場会社への株式投資は、証券会社に口座を持つことから始まる。多くの商品があり、それぞれルールが決められている。

## ➊ 株式取引の実務

### (1) 注文方法

　株式の売買注文では、原則として、①売買の種類、②銘柄、③売り付けまたは買い付けの区別、④数量、⑤値段の限度、⑥売買立会時、⑦委託注文の有効期間、⑧現物取引または信用取引かを証券会社に伝えなければならない。

　また、注文方法には、指値と成行がある。指値注文とは、売買価格を明示して注文をすることで、買いの場合には指値以下で、売りの場合は指値以上で取引される。指値注文は、希望した値段で売買することができるというメリットがある半面、わずかの価格差で売買が成立しないというデメリットもある。一方、成行注文とは、売買価格を明示せず、銘柄と数量のみを指定して注文をすることで、売買が成立しやすいというメリットがある半面、相場変動が大きいときには、意外に高く買ったり、安く売れてしまうというデメリットもある。

　金融商品取引所における株式の売買においては、**成行注文が指値注文に優先**して成立する（成行注文優先の原則）。同一銘柄に複数の指値注文が発注された場合、低い売呼値が高い売呼値に優先し、高い買呼値が低い買呼値に優先する（**価格優先の原則**）。さらに、同じ呼値が複数ある場合は早く発注した呼値を優先させる（**時間優先の原則**）。

　また売買は、オークション方式によって行われる。オークション方式とは、投資家ごとの売りと買いの注文のうち、最も値段の低い売り注文と最も値段の高い買い注文を合致させて売買を成功させる方式である。なお、金融商品取引所は株価の過度の乱高下などを防

止するために値幅制限を設けている。値幅制限いっぱいに株価が変動した場合を「ストップ高」「ストップ安」と呼ぶ。

> **注**「寄付き」とは、その日に付く最初の取引またはその価格（寄値）をいう。「前場」とは、午前の立会時間内の取引をいう。「前引け」とは、前場最終取引またはその価格をいう。「後場寄り」とは、その日の午後最初の取引またはその価格をいう。「後場」とは、午後の立会時間内の取引をいう。「大引け」とは、その日の最終取引またはその価格をいう。「ザラ場」とは、寄付き、前引け、後場寄り、大引けにおける板寄せを除く立会時間内の取引時間をいう。

## (2) 受渡し（清算）

注文した株式と売買代金の受渡しは、約定日（注文が成立した日）から起算して3営業日目に行われる（普通取引）。ただし、初回の注文では、先に株式の買い付けに要する概算代金を金融商品取引業者（証券会社）に預けるか、MRFに入金しておくことになる。

実務上は、上場会社の株式は電子化されており株券は発行されないので、株式を買い付けした場合は、証券会社の保護預り口座に「振替株式」として登録されることになる。反対に株式を売却した場合は、証券会社の保護預り口座から除かれることになる。

なお、現金で株式を購入することを**現物取引**という。株式の取引方法には現物取引以外にも次のような形態がある。

# ❷ 信用取引

## (1) 信用取引の仕組み

現物取引は、購入する場合は購入代金を、売却する場合は株式を自分で保有していることが前提だが、信用取引の場合には購入代金や売却する株式を保有していなくても、証券会社に一定の**委託保証金**（金銭に代えて一定の有価証券でも可）を差し入れることで、証券会社から資金や株式を借りて売買を行うことができる。つまり、証券会社が投資家に信用を供与して行う取引であるため信用取引と呼ぶ。株券も借りることができるため、「売り」から入って「買い戻す」という売買方法も可能になる。委託保証金の率を30％とすると、委託保証金の**約3.3倍**までの取引が可能となるため、きわめてハイリスク・ハイリターンの取引といえる。信用取引による売買が成立した後に相場の変動による評価損が発生し、金融商品取引業者が定める最低委託保証金維持率を下回った場合、追加保証金（追証）を差し入れるなどの方法により、委託保証金の不足を解消しなければならない。

　なお、委託保証金は1日の中で再利用できるので、同じ委託保証金で1日に何度でも売買ができるが、証券会社において、株式の信用取引に係る委託保証金および委託保証金代用有価証券は分別管理の対象とされ、投資者保護基金の補償対象にも含まれる。また、信用取引は現物取引と同様に、取引成立日から起算して3営業日に受渡しが行われる。

## (2) 制度信用取引と一般信用取引

　信用取引には、**取引所**の規則によって決済までの期限（**6カ月以内**）や品貸料が決められている制度信用取引と、証券会社と投資家の間で（実質的には証券会社が）、決済までの期限と品貸料を決める一般信用取引がある。一般信用取引には、建株の返済期限がない無期限信用取引もあるが、合併や株式分割等の事象が発生した場合や株式の調達が困難となった場合等に返済期限が設定されることがある。

　**制度信用取引**をした場合、制度信用銘柄のうち、貸借銘柄については**逆日歩**（売建てが増えすぎて株不足が発生した時に売り方が負担する費用）が発生することがあるが、**一般信用取引**をした場合、逆日歩が発生することは**ない**。また、制度信用取引で取引できる銘柄は、取引所によって決められるが、一般信用取引で取引できる銘柄は、**証券会社**によって決められる。

## (3) 信用取引による売買

　信用取引を行うには、信用取引口座を開設して、委託保証金（売買代金の30％以上で各証券会社が決めた割合が必要、金銭に代えて上場株式、国債、地方債などの有価証券で差し入れることも可能であるが、掛目により価値が低く見積もられる。なお、非上場株式は不可）を証券会社に差し入れる必要があり、株価の変動や代用掛目の変更によっては委託保証金の追加（追証）を求められることがある。

　また、資力の乏しい投資家の信用取引利用を抑制するため、委託保証金の最低限度額は30万円となっている。証券会社は追加保証金が必要となったときに、一定の期日までに信用取引を行っている者から追加保証金の差し入れがない場合、反対売買等の処理をすることができる。

　なお、従来の信用取引では、委託保証金が1日に1回の売買にしか使えなかったが、規制緩和により同日中の委託保証金の再利用が可能となり、同じ委託保証金で1日に何度でも売買ができるようになった。また、反対売買による確定利益は、受渡日前でも利用が可能になった。

　信用取引による株式の買付けを買建て、売付けを売建てといい、決済方法は、差金決済

（反対売買による決済）と現物決済（買付代金を支払う「現引き」と売付株券を渡す「現渡し」）がある。信用取引を行っている株式に権利落ちがあると一定のルールに基づいた権利処理を行って売買の建値を調整し、また、配当落ちも配当調整金として源泉税相当額控除後の金額で金銭の受払いを行う。1：2のような整数倍の株式分割では、制度信用取引において数量が調整される。なお、信用取引により株式を買い付けた場合、株主優待を受け取ることはできない。

## (4) 貸借取引

　貸借取引とは、制度信用取引を行う証券会社が自社において資金や株券を調達できない場合に、証券金融会社からそれらを借り入れるという取引であり、証券会社以外が参加することはない。貸借取引の対象となる銘柄は、制度信用銘柄の中から取引所が選定する銘柄に限定される。

**例 題**

**Q:**

株式の制度信用取引において、保有するA社株式4,000株（1株当たり時価1,250円）と金銭200万円を担保として差し入れ、B社株式（1株当たり時価4,000円）を新規に売建てする場合、売建てが可能な最大株数を求めなさい。
なお、株式担保の代用掛目は80％、委託保証金率は30％であるものとし、手数料等は考慮しないものとする。

**A:**

　4,000株×1,250円×80％＋200万円＝600万円
　600万円÷30％＝2,000万円
　2,000万円÷4,000円＝5,000株

## ❸ その他の株式の取引方法

### (1) 株式累積投資（るいとう）

　毎月一定の期日に、一定金額（一般には1銘柄1万円以上100万円未満で1,000円単位）で、株式を購入するシステムを株式累積投資（愛称は「るいとう」）という。ドルコスト平均法を利用した投資手法で、株価の高い時期には少ない株数、株価の安い時期には多い株数を取得することになる。

　株式累積投資を行うためには、株式累積投資約款に従った契約を締結して、株式累積投資口座を開設する必要がある。株式累積投資口座は、株式の保護預り口座とは別に口座管理料が必要になる。

　なお、単元未満株式（100株未満の株）は、株式累積投資口座で管理されるが、単元株式となると自動的に保護預り口座に移管する。また、単元未満株式のままでも売却することができる。配当は株式累積投資口座内で再投資され、株式分割等の場合には株式累積投資口座に入庫する。

　株式累積投資は、取り扱っていない証券会社もあり、また、具体的な取扱方法や株式累積投資で購入できる銘柄は証券会社により異なる。

### (2) 単元未満株取引（株式ミニ投資）

　通常の取引単位の10分の1単位（10株単位）で株式の売買ができるシステムを株式ミニ投資という。

　株式ミニ投資を行うためには、株式ミニ投資約款に従った契約を締結して、株式ミニ投資口座を開設する必要がある。株式ミニ投資口座は、株式の保護預り口座とは別に口座管理料が必要になる。

　売買注文はいつでも受け付けるが、執行は受注日の翌営業日となる。株式ミニ投資に係る約定価格は、約定日におけるあらかじめ定められた取引所の市場価格に基づき決定され、当該取引所の一定時における最良気配の範囲内の価格または売買高加重平均価格となる。単元未満株式のうちは株式ミニ投資口座で管理されるが、追加購入や売買単位の変更等で単元株式になると自動的に保護預り口座に移管する。配当や株式分割等については、持分に応じて配分される。

　株式ミニ投資も株式累積投資と同様、取り扱っていない金融商品取引業者もあり、また、

取扱方法や購入できる銘柄は金融商品取引業者ごとに異なる。最近では、1株以上1単元未満を売買単位とする単元未満株投資を取り扱っている証券会社もある。

## (3) 株券等貸借取引

投資家が所有する株式を金融商品取引業者に貸し付けることで、投資家は金融商品取引業者から貸借料を受け取るという株券の消費貸借取引を株券等貸借取引という。

## (4) 立会外取引

証券取引所の取引で、立会時間外に行われる取引をいう。主な立会外取引としては、単一銘柄取引（大口取引）、バスケット取引、終値取引、自己株式立会外買付取引がある。

## 実務上のポイント

- 信用取引の委託保証金は一定の債券や上場株式などの有価証券で代用可能。
- 信用取引では、株価の変動などにより、追加で委託保証金の差し入れが必要な場合がある。
- 制度信用取引では、返済期限は最長6カ月と定められている。取引できる銘柄は、金融商品取引所に上場している銘柄の中から金融商品取引所の規則によって決められている。
- 制度信用取引は逆日歩が発生することがあるが、一般信用取引は逆日歩が発生することはない。
- 逆日歩は信用取引の売り方が負担する。

# 第3節 株式投資に関する評価指標

## 1 投資指標

投資指標には、収益性、安全性、効率性等のさまざまな角度から分析する指標がある。なお、貸借対照表の例を参考にすること。

（連結）貸借対照表

資産の部−負債の部＝純資産の部
自己資本＝純資産の部−新株予約権−非支配株主持分
　　　　＝株主資本＋その他の包括利益累計額合計

### （1）PER と PBR

　1株当たり税引後純利益と株価の関係からなる指標が**株価収益率**（PER：Price Earnings Ratio）であり、1株当たり純資産と株価の関係からなる指標が**株価純資産倍率**（PBR：Price Book-value Ratio）である。

　これらの指標は、株価の相対的な割高割安を判断する目安として利用され、それぞれ、次の算式で求めることができる。なお、EPS や BPS は、それぞれ税引後純利益、純資産を発行済株式数で除して求める。

**株価収益率（PER）（倍）**

$$\frac{株価}{1株当たり税引後純利益（EPS）}$$

$$1株当たり税引後純利益（EPS）= \frac{当期純利益}{発行済株式数^{（※）}}$$

（※）日本経済新聞は2015年1月26日より、予想EPSの計算方法について、従来の「発行済株式数」から「自社株を除いた発行済株式数」へと変更した。
企業が自社株買いをすることで将来の予想EPSが大きくなる（PERが低下する）ため、株価にとってプラスの影響を与えやすくなる。

**株価純資産倍率（PBR）（倍）**

$$\frac{株価}{1株当たり純資産（BPS）^{（※）}}$$

$$（※）1株当たり純資産（BPS）= \frac{純資産}{発行済株式数}$$

　PERは、株価が税引後純利益の何倍まで買われているかを計算しているが、見方を変えると、税引後利益何年分の株価となっているかを表している。また、PERの逆数をパーセント表示に直したものを**株式益回り**（＝1株当たり税引後純利益÷株価×100）といい、**長期債利回り**からこの**株式益回り**を控除すると、長期債の市中金利の水準に対する**株価の割高割安**を判断する指標である**イールド・スプレッド**を求めることができる。

　なお、日経平均全体のPERも出すことができ、日経平均PERは12〜16倍のレンジ内に収まることが多い。つまり、日経平均PERが12倍を下回れば割安、16倍を上回れば割高として考えることができる。

🈖 株価収益率は、株価が割安か割高かを判断するための指標だが、よく似た指標に、株価キャッシュフロー倍率（PCFR）がある。通常、当期純利益に減価償却費を加えたものをキャッシュフローとして、株価を1株当たりキャッシュフローで除して算出する。減価償却方法の異なる企業の比較が可能になるため、企業の国際比較を行う際によく用いられる。

## (2) 配当利回りと配当性向

　株価に対する1株当たりの配当の比率を**配当利回り**という。また、会社が税引後純利益のうち配当する割合を**配当性向**という。それぞれ、次の算式で求めることができる。

---

**配当利回り（%）**

$$\frac{1 \text{株当たり配当}}{\text{株価}} \times 100$$

---

**配当性向（%）**

$$\frac{\text{配当}}{\text{税引後純利益}} \times 100 = \frac{1 \text{株当たり配当}}{1 \text{株当たり税引後純利益（EPS）}} \times 100$$

---

## （3）自己資本比率

　自己資本比率は、総資産（使用総資本）に対する自己資本の割合を示す指標である。自己資本比率が高いほど、経営の安全性が高いことを表す（詳細は後述）。

---

**自己資本比率（%）**

$$\frac{\text{自己資本}}{\text{総資本（産）}} \times 100$$

---

## （4）ROA と ROE

　企業の経営効率や資本効率を測る指標として、資本利益率がある。特定の資本概念に対する特定の利益概念の割合で示され、この値が高いほど効率がよいということになる。

　代表的な資本利益率として、企業全体の経営効率を測る指標である**総資産利益率**（**ROA**：Return on Assets）と、株主としての投資効率を測る指標である**自己資本利益率**（**ROE**：Return on Equity）がある。ROE は、**PBR** を **PER** で**割ったもの**と等しくなる（純資産＝自己資本とする）。

　なお、決算短信では、ROA は「**総資産経常利益率**」と表記されている。また、ROA のうち、分子の利益を事業利益とする「**使用総資本事業利益率**」がよく用いられる。

　ROE は、開示資料である**有価証券報告書等**では「**自己資本利益率**」、決算短信では「**自己資本当期純利益率**」と表示される。前者は**期末自己資本**、後者は**期首と期末**の自己資本の**平均値**を用いて算出されている。

　一般に、ROA は社債投資の評価指標、ROE は株式投資の評価指標として用いられている。また、ROE が高いということは株主から出資された資金を活用して効率よく利益を上げているということなので、その企業の収益性や成長性は高いと考えられ、株主への利

益還元も期待できる。

### ① 使用総資本事業利益率

**使用総資本事業利益率（%）**

$$\frac{事業利益}{使用総資本（資産）} \times 100$$

（※）事業利益＝営業利益＋受取利息および受取配当＋有価証券利息

　使用総資本事業利益率は、財務分析上、次の算式のように売上高事業利益率と資本回転率に分解（ROA の 2 指標分解）することで、その要因分析を行うことができる。

**ROA の 2 指標分解**

使用総資本事業利益率＝売上高事業利益率×総資本（資産）回転率

$$\left[\frac{事業利益}{使用総資本（資産）}\right] = \left[\frac{事業利益}{売上高}\right] \times \left[\frac{売上高}{使用総資本（資産）}\right]$$

### ② 自己資本利益率

**自己資本利益率（%）**

$$\frac{税引後純利益}{自己資本} \times 100$$

（※）自己資本＝純資産－新株予約権－非支配株主持分
　　　　　　　＝株主資本＋その他の包括利益累計額

　自己資本利益率は、財務分析上、次の算式のように**売上高純利益率**と**総資本回転率**および**財務レバレッジ**に分解（**ROE の 3 指標分解**）することで、その要因分析を行うことができる。

**ROE の 3 指標分解**

自己資本利益率＝売上高純利益率×総資本（資産）回転率×財務レバレッジ

$$\left[\frac{税引後純利益}{自己資本}\right] = \left[\frac{税引後純利益}{売上高}\right] \times \left[\frac{売上高}{使用総資本（資産）}\right] \times \left[\frac{使用総資本（資産）}{自己資本}\right]$$

### ③ サスティナブル成長率

　ROE と配当性向との関連付けを行うことで、利益成長率の予測に有用な指標であるサスティナブル成長率を算出することができる。

## サスティナブル成長率（%）

ROE×（1−配当性向）＝ROE×内部留保率

　左記算式からわかるとおり、サスティナブル成長率は、企業の内部留保を事業に再投資して得られる理論成長率である。追加された内部留保も直前期と同じ利益率で運用されると仮定した成長率ということになる。したがって、会計的かつ数学的な整合性をもたせるためには、当期税引後純利益を**期初自己資本**で除した ROE を用いる。

### 例　題

**Q:**

以下の財務指標から算出される①自己資本比率、② ROA（総資産事業利益率または使用総資本事業利益率）を求めなさい。

- 売上高事業利益率： 8.0%
- 売上高純利益率 ： 3.0%
- 使用総資本回転率： 0.8回
- ROE ： 4.8%

**A:**

①自己資本比率

　ROE の 3 指標分解（ROE＝売上高純利益率×使用総資本回転率×財務レバレッジ）から逆算して求める。財務レバレッジは自己資本比率の逆数である。

$$財務レバレッジ＝\frac{ROE}{売上高純利益率 × 使用総資本回転率}$$

$$＝\frac{4.8\%}{3.0\%×0.8回}$$

$$＝2$$

$$自己資本比率＝（1÷財務レバレッジ）×100$$
$$＝（1÷2）×100$$
$$＝50\%$$

② ROA

　ROA＝売上高事業利益率×使用総資本回転率

$$＝8.0\%×0.8回$$

第4章

$$=6.4\%$$

## ② 株式の価値（理論株価）

　資産価値の評価は、将来のキャッシュフロー（現金収入）を期待利子率（期待割引率）で割り引いた現在価値の合計となる。

　株式投資における将来のキャッシュフローは、将来の配当であると捉えられるので、毎期の予想配当を期待利子率で割り引いた値の合計額となる。このように、将来の配当と期待利子率から株式の内在価値（理論株価）を計算する方式を**配当割引モデル**（DDM：Dividend Discount Model）といい、次の株価は算式によって表される。

**配当割引モデル（DDM）**

$$\text{理論株価(円)}=\frac{\text{1期後の予想配当(円)}}{\left(1+\dfrac{\text{期待利子率(\%)}}{100}\right)^1}+\frac{\text{2期後の予想配当(円)}}{\left(1+\dfrac{\text{期待利子率(\%)}}{100}\right)^2}+\cdots+\frac{\text{n期後の予想配当(円)}}{\left(1+\dfrac{\text{期待利子率(\%)}}{100}\right)^n}$$

　この基本算式から、将来にわたって**一定の配当**が支払われると予想する場合には、次の算式により株式の内在価値を算定することができる。

**配当割引モデル（配当が一定）**

$$\text{理論株価（円）}=\frac{\text{予想配当（円）}}{\dfrac{\text{期待利子率（\%）}}{100}}$$

　たとえば、1株当たり10円の一定配当で、期待利子率10％とすると、100円という株式の内在価値が算定される。

　また、将来にわたって**定率**で**配当が成長**して支払われると予想する場合には、次の算式により株式の内在価値を算定することができる。

---

**配当割引モデル（定率で配当が成長）**

$$\text{理論株価（円）} = \frac{\text{予想配当（円）}}{\dfrac{\text{期待利子率（\%）}}{100} - \dfrac{\text{期待成長率（\%）}}{100}}$$

（ただし、期待利子率＞期待成長率）

---

たとえば、1株当たり予想配当10円で、期待利子率10％、期待成長率8％とすると、500円（＝10円÷(0.1−0.08)）という株式の内在価値が算定される。この算式を展開して、1株当たり予想配当10円で期待利子率10％のとき、株価800円の株式に対する期待成長率は8.75％であるという計算も可能である。

また、期待成長率をサスティナブル成長率と仮定して、株式の内在価値を計算する方法も多く用いられている。

なお、日本では、安定配当を配当政策とする企業が多いため、前記の配当割引モデルを利益割引モデルと読み替えて、予想配当の代わりに予想税引後純利益を用いることもある。

# ❸ テクニカル分析指標

　企業の業績や資産などの要因で株価を分析する手法をファンダメンタル分析と呼ぶのに対して、過去の株価の動きや出来高等のデータを基に株価の転換点やトレンド、売り買いのタイミングの目安などを判断する手法をテクニカル分析という。テクニカル分析指標は、歴史ある指標から比較的歴史の浅い指標まで数多く存在し、その分析手法は必ずしも画一的ではなく、分析者によって異なる見方をすることもある。したがって、ファンダメンタル分析を補足するために使用したり、複数のテクニカル分析指標を併用するなど総合的に判断することが望ましい。

〔図表4－4〕主なテクニカル分析の手法

| テクニカル分析指標 | 分析手法 |
|---|---|
| ローソク足チャート | 株価の始値、終値、高値、安値を1本のローソク足に記録し、過去の株価の動きやトレンドを表す。始値より終値のほうが高いものを陽線と呼び、始値よりも終値のほうが低いものを陰線と呼ぶ。主に売り買いの転換点などの判断に使用される。1本のローソク足に記録する期間により、日足、週足、月足、年足などの種類がある。 |
| 移動平均線 | ローソク足チャートと併用されることが一般的で、株価の5日、25日、13週、26週など一定期間の移動平均値を記録した線。短期の移動平均線が長期の移動平均線を下から上に抜けて交差することをゴールデンクロス（株価が上昇傾向／買いのタイミング）、上から下に抜けて交差することをデッドクロス（株価が下落傾向／売りのタイミング）にあると判断される。 |
| サイコロジカルライン | 一定期間内において株価が前日比で上昇した日数の割合を示し、投資家心理を数値化した指標とされ、主に売買時期の判断に使用される。 |
| ボリンジャーバンド | 移動平均線に標準偏差を加減して作成され、移動平均線とその上下2本ずつの標準偏差からなる線の計5本の線およびその範囲（バンド）で構成される。統計学上、株価は約68％の確率で「移動平均線±1σ」の範囲内に収まるとされ、約95％の確率で「移動平均線±2σ」の範囲内に収まるとされている。このバンド（株価の値動きの範囲）を基に、主に売り買いのタイミングを判断するのに使用される。一般に、ボリンジャーバンドの幅が収縮しているときは、株価のボラティリティが低く、拡大しているときはボラティリティが高いことを示す。 |
| MACD (MovingAverage Convergence Divergence) | 移動平均線を発展させたテクニカル指標で、MACD線（短期の指数平滑移動平均線－長期の指数平滑移動平均線）とシグナル線（MACDの指数平滑移動平均線）と呼ばれる2本の移動平均線を用いて、売り買いのタイミングを判断するのに使用される。 |
| RSI (Relative Strength Index) | 直近の一定期間（9日、14日、9週、13週など）内の株価の変動幅から算出され、RSIの値は0～100％の間で推移する。RSIが100％に近いと相場は強く、0％に近いほど相場は弱いと判断される。一般的に、RSIが70～80％を超えると買われ過ぎ（割高）、20～30％を下回ると売られ過ぎ（割安）と判断され、主に売り買いのタイミングを判断するのに使用される。 |

# 実務上のポイント

- PER は、高いほど割高、低いほど割安と判断される。

$$PER（株価収益率）（倍）＝\frac{株価}{1株当たり純利益（EPS）}$$

- PBR は、企業の資産価値から見て株価の割安・割高を判断する尺度。相対的に高いほど割高、低いほど割安と判断される。

$$PBR（株価純資産倍率）（倍）＝\frac{株価}{1株当たり純資産（BPS）}$$

- 配当性向は、税引後純利益のうち配当する割合で企業の配当政策を判断する尺度。配当性向が低いということは、利益を内部留保していることを示す。

$$配当性向（％）＝\frac{配当金}{当期純利益}×100$$

- ROE は、3指標に分解することができる。

自己資本利益率＝売上高純利益率×総資本（資産）回転率×財務レバレッジ

$$\left[\frac{当期純利益}{自己資本}\right]＝\left[\frac{当期純利益}{売上高}\right]×\left[\frac{売上高}{使用総資本（資産）}\right]×\left[\frac{使用総資本（資産）}{自己資本}\right]$$

- サスティナブル成長率は、企業の成長性を判断する尺度。

$$サスティナブル成長率（％）＝ROE×（1－配当性向）$$
$$＝ROE×内部保留率$$

- 配当割引モデルとは株式の理論株価を算出するものであり、この値と現実の株価とを比較し割高か割安かを判断する。将来にわたり一定の配当が支払われると予想される場合は以下の式となる。

$$株価（円）＝\frac{予想配当（円）}{\frac{期待利子率（％）}{100}}$$

第4章

## 第4節

# 決算書の見方

## ❶ 簿記の基礎知識

### (1) 簿記の流れ

企業活動上で発生する「資産、負債、純資産、収益、費用の増減や変化をもたらす行為」、つまり簿記上の「取引」はすべて記録される。この日常の取引の記録をベースにした財務諸表作成のための決算整理は、一般に〔図表4-5〕のとおり複式簿記のルールに従って体系的に行われる。

つまり、取引が行われた場合、仕訳が行われ、総勘定元帳に転記される。現預金や売掛金、買掛金等の特定の勘定科目については、補助簿にも転記され、補助簿の内容と総勘定元帳との照合が行われる。総勘定元帳の金額から試算表が作成され、これに期間損益計算を適正に行うために必要な決算整理手続（仕訳）を行ったうえで帳簿が締め切られ、次期へと繰り越される。決算整理は棚卸表などを基にして行うが、この決算整理は精算表にお

〔図表4-5〕会計処理の流れとルール

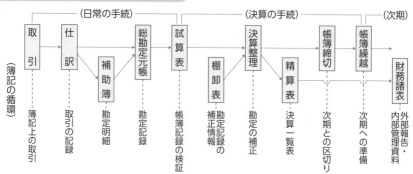

いても行われ、これにより財務諸表が作成されることになる。

## (2) 決算整理手続

　決算整理手続とは、前述のとおり、期間損益計算を適正に行うために必要な決算整理仕訳を行うことであり、主な決算整理仕訳には以下のようなものがある。

① 　商品・製品等棚卸資産の棚卸し（売上原価の算定）

② 　経過勘定項目の見越・繰延計算（未収利息、前払家賃等の計上）

③ 　各種引当金の計上（退職給付引当金、返品調整引当金等）

④ 　減価償却費など、償却費の計上（固定資産、無形固定資産等）

⑤ 　資産の評価（棚卸資産、有価証券等）

⑥ 　不良資産の処理（貸倒引当金繰入れ、貸倒損失等）

⑦ 　法人税等の計算（未払法人税等、未払事業税、未払消費税）

　期中の取引に基づく一般の仕訳は基本的には、現金の出し入れに基づく収支計算により行われるが、売上および仕入などは、商品の発送もしくは材料の入庫といった一定の事実の発生に基づいて、売上と売掛金もしくは仕入と買掛金を計上する**発生主義**を採用することで、当期の業績を正確に示すようにしている。なお、収益については、発生主義を全面的に採用すると未実現収益が計上されてしまうため、収益を実現の時点で認識・計上する**実現主義**が採用される。

　さらに、期末の決算整理手続において、仕入れた商品のうち売り上げられた部分のみを売上原価（費用）として、残りを棚卸資産として貸借対照表に残して翌期の**損益計算**へと繰り越す。

　このように発生（実現）した収益に対応した費用を認識することを**費用収益対応の原則**という。現在の会社は原則として永遠に継続することを前提としているため、ある一定の期間（通常1年）を区切って計算をする必要があるためである。

　この一定の期間の業績を正確に示すためには、このように発生主義と費用収益対応の原則により、適正な期間損益計算を行う必要がある。

　期末決算整理仕訳は原則として、すべてこの発生主義と費用収益対応の原則に基づいて行われ、収支計算とのずれが貸借対照表に計上されて翌期に繰り越されることになる。

第4章

# ❷ 財務諸表

企業は、企業活動の結果を企業の利害関係者（株主、取引先、金融機関、税務当局等）に、計数的に報告しなければならない。その際に用いられる財務諸表は、①**損益計算書**（P/L：Profit and Loss Statement）、②**貸借対照表**（B/S：Balance Sheet）、③**株主資本等変動計算書**、④**個別注記表**、⑤**附属明細書**の5つからなるが、そのうち、特に重要なのは①と②である。なお、これらの諸表の名称、様式、作成方法などのルールは、現在、〔図表4－6〕のとおり3系列がある。

## (1) 損益計算書と貸借対照表

損益計算書は、一会計期間（通常1年間）の**経営成績**（どのような収益があり、どのような費用がかかって、どれだけ儲かったか）を示しており、貸借対照表は、決算期末における一時点での**財政状態**（どのような資産に資金を投下し、それらに必要な資金をどのように調達したか）を示している。

損益計算書と貸借対照表は、簿記一連の記録を〔図表4－7〕のとおり借方と貸方に二分したものであり、二分したそれぞれの左右の金額の差額が利益であり、損益計算書と貸

〔図表4－6〕 財務諸表に関する法規制

| 法律 | 会社法 | 法人税法 | 金融商品取引法 |
|---|---|---|---|
| 目的 | 債権者保護 | 課税所得の計算<br>（課税の公平） | 投資家保護 |
| 主な財務諸表 | 貸借対照表<br>損益計算書<br>株主資本等変動計算書<br>個別注記表<br>附属明細書 | 貸借対照表<br>損益計算書<br>株主資本等変動計算書<br>確定申告書<br>各種明細書<br>申告書付表 | ┄ 有価証券報告書 ┄<br>貸借対照表<br>損益計算書<br>株主資本等変動計算書<br>附属明細書<br>キャッシュ・フロー計算書 [※] |
| 会計原則<br>（作成ルール） | 会社法施行例<br>会社法施行規則 | 法人税法施行例<br>法人税法施行規則<br>租税特別措置法 | 企業会計原則<br>財務諸表等規則<br>連結財務諸表規則 |
| 基準設定機関<br>（諮問機関） | 法制審議会<br>会社法部会 | 税制調査会 | 企業会計審議会<br>企業会計基準委員会 |

（※）キャッシュ・フロー計算書は金融商品取引法に基づく有価証券報告書等において記載されるが、会社法にはこれに当たる計算書類はない。

〔図表4-7〕貸借対照表・損益計算書の関係

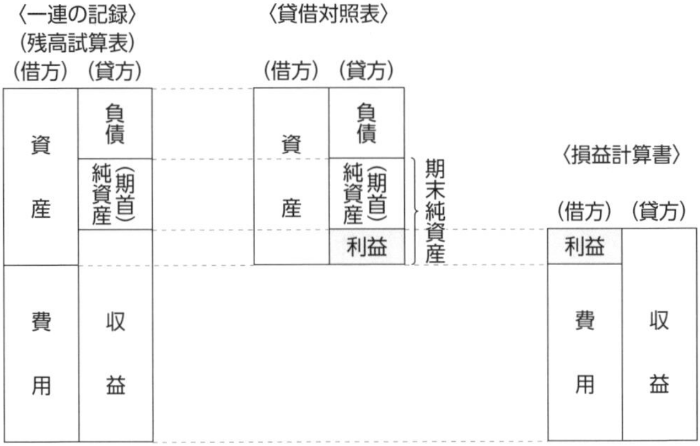

借対照表の双方に同じ金額の利益が、左右反対側に示される。この利益は損益計算書では収益と費用の差額、貸借対照表では財産の増減によって算出され、しかもそれぞれが一致するように算出できるところに複式簿記の特徴がある。

したがって、損益計算書の費用と貸借対照表の資産とは、会計簿記ではその発生・増加はともに左側（借方）に記録される。そのため、本来費用として計上すべきものを資産に計上すれば、利益は実態以上に大きく表示されることになる（たとえば、経費を前払費用として資産計上）。したがって、財務諸表を分析するにあたっては、常に損益計算書と貸借対照表とを関連付けて検討することが必要である。

## (2) 株主資本等変動計算書

株主資本等変動計算書は、貸借対照表の純資産の部の一会計期間における変動額のうち、主として株主に帰属する部分である株主資本の各項目の変動事由を報告するために作成する〔図表4-8〕。なお、配当金額はこの計算書に記載される。

## (3) 連結財務諸表

連結財務諸表は主たる財務諸表に位置付けられている。一方、親会社の単体財務諸表は従たるものとされる。

連結財務諸表とは、支配従属関係にある2つ以上の会社からなる企業集団を単一の組織体とみなし、親会社がその企業集団の財政状態、経営成績およびキャッシュ・フローの状態を総合的に報告するために作成する財務諸表で、（ⅰ）連結貸借対照表、（ⅱ）連結損益

〔図表4−8〕株主資本等変動計算書の例

(20XX年4月1日から20XX+1年3月31日)　　　　　　　　　　　　　　　　　　　（単位：千円）

| | | 株主資本 | | | | | | | | 純資産合計 |
|---|---|---|---|---|---|---|---|---|---|---|
| | | | 資本剰余金 | | | 利益剰余金 | | | 株主資本合計 | |
| | 資本金 | 資本準備金 | その他資本剰余金 | 資本剰余金合計 | 利益準備金 | その他利益剰余金(繰越利益剰余金) | 利益剰余金合計 | | | |
| 当期首残高 | 10,000 | 0 | 0 | 0 | 500 | 4,500 | 5,000 | 15,000 | 15,000 |
| 当期変動額 | | | | 0 | | | 0 | 0 | 0 | 0 |
| 　剰余金の配当 <sub>(※)</sub> | | | | 0 | 100 | ▲1,100 | ▲1,000 | ▲1,000 | ▲1,000 |
| 　当期純利益 | | | | 0 | | 2,000 | 2,000 | 2,000 | 2,000 |
| 当期変動額合計 | 0 | 0 | 0 | 0 | 100 | 900 | 1,000 | 1,000 | 1,000 |
| 当期末残高 | 10,000 | 0 | 0 | 0 | 600 | 5,400 | 6,000 | 16,000 | 16,000 |

（※）20XX年6月の株主総会による決議に基づく配当

**計算書、（iii）連結剰余金計算書、（iv）連結キャッシュ・フロー計算書**の4つの表より構成されている。

　連結の対象となる会社の範囲については、実質的に支配をしている会社をすべて子会社とみなす支配力基準で判断する。この支配力基準では、たとえ50％以下の議決権割合であったとしても、高い比率で株式を保有しており、その会社の意思決定機関を支配しているなど一定の事実が認められる場合には、子会社として連結の範囲に含めることになる。

　また、持分法（注）適用会社の範囲は議決権基準（議決権割合20％超）から影響力基準（20％未満の議決権割合でも役員構成など会社の経営方針の決定に重要な影響があるか等）に変更された。

(注) 持分法とは、関連会社等の純資産、損益を親会社の株式持分比率だけ取り込んで連結財務諸表に反映させる方法である。

　連結財務諸表は、（i）まず親会社と子会社の個別財務諸表を単純に合算し、（ii）親会社の投資勘定と子会社の純資産勘定を相殺消去し、（iii）内部取引（連結グループ内部での売上・仕入など）およびそれに伴う債権・債務を相殺し、（iv）連結相互会社間の内部利益を消去するなどの手順によって作成する。

# ❸ キャッシュ・フロー計算書

　金融商品取引法上では連結ベースでのキャッシュ・フロー計算書の開示が義務付けられている（ただし、連結財務諸表を作成していない場合は単体ベースで作成する）。

　キャッシュ・フロー計算書とは、現金および現金同等物、つまりキャッシュを営業、投資、財務に3区分してその収支を計算し、キャッシュの期間における稼得高（マイナスもある）を示すものである。

　現金および現金同等物（＝キャッシュ・フロー計算書の資金の範囲）とは、現金、要求払預金、3カ月以内の定期預金、公社債、投資信託などである。要件は、（ⅰ）容易に換金でき、（ⅱ）価格変動のないものであり、企業の会計方針のなかで自主的に資金の範囲を決定することができる。その範囲および変更は注記事項となっている。分析に際しては注記を確認し、それが妥当であるか否かを検討する必要がある。

　損益計算書は、経営者の判断や会計処理の選択の結果が反映されるので、必ずしも企業の実態を把握することができない。キャッシュ・フロー計算書は、こうした影響を受けない。

① **営業活動によるキャッシュ・フロー**

　企業本来の営業活動からどの程度キャッシュが得られたかを表す。表示方法としては直接法と間接法があるが、実務上ほとんどの会社が間接法によっている。

**注** 間接法では、損益計算書の税引前当期純利益金額を算出の出発点とし、これに①実際にキャッシュの変動を伴わない非資金項目（減価償却費等）と②収支のタイムラグとしての増加（または減少）運転資金項目を加算・減算して作成する。したがって、発生主義会計に基づく利益を実際のキャッシュ変動で調整することで間接的に作成する。

　営業利益の「営業」とは若干その範囲が異なり、営業外損益や特別損益、さらに法人税等や役員給与の支払まで、その範囲に含まれる。なお、利息および配当金の受取額は投資活動、利息の支払額は財務活動に区分表示することもできる。

② **投資活動によるキャッシュ・フロー**

　有形・無形固定資産の取得および売却、資産の貸付および回収、現金同等物に含まれない有価証券および投資有価証券の取得、売却等を計算表示する。なお、この投資活動と次の財務活動によるキャッシュ・フローには、直接・間接法の区別はない。

③ **財務活動によるキャッシュ・フロー**

　資金の調達および返済に係るキャッシュ・フローを計算表示する。

第4章

投資キャッシュ・フローと同様、総額主義を原則とするが、短期借入金を借換えにより継続している場合など、一部純額主義による表示が認められている。

**注** 総額主義（または総額表示）とは、借入金を例にとると、借入れと返済は同一先よりのものであっても相殺せず、それぞれを総額で表示する方法である。ただし、期間も短く、かつ回転の早い項目については借入れ、返済の純額で表示することもできる（純額主義）。

**営業活動によるキャッシュ・フロー**は、投資活動によるキャッシュ・フローの投資原資や財務活動によるキャッシュ・フローにおける借入金の返済財源となるため、少なくともプラスになる必要があり、これが連続してマイナスであれば資金面で破綻の危険性もある。

一方、**投資活動によるキャッシュ・フロー**はそのプラス・マイナスだけで一概に良し悪しを判定できない。

マイナス幅が大きく、フリーキャッシュ・フローが赤字になったとしても、投資が長期借入金、社債等の長期安定資金によって賄われ、借入償還年数や自己資本比率、固定長期適合率等に問題がなければ、その投資活動は資金面から合理性がある。逆に、必要な設備投資を怠ったり、有価証券・投資有価証券を売却するだけで、この区分のキャッシュ・フローはプラスになり、「キャッシュ・フロー出し」といったことも可能である。

なお、キャッシュ・フロー計算書は、「利益は意見、キャッシュは事実」などといわれ、発生主義による貸借対照表や損益計算書の欠点を補い、財務分析上これら計算書類との補完関係にあるといわれている。ただし、キャッシュ・フローは客観性が強調されるが、たとえば、仕入債務の支払を引き延ばすだけで営業活動によるキャッシュ・フローを増加させることも可能で、実態面の把握が欠かせないといえる。

**注** 一般にフリーキャッシュ・フローは営業キャッシュ・フローから「現状維持に必要な投資額」を控除して算出する。

## 第 **5** 節

# 決算書の分析

## ❶ 財務諸表の分析の概要

　財務分析の着眼点は、一般的に、収益性、安全性、生産性、成長性の4つであり、これらが分析のポイントになる。

### ① 収益性分析

　収益性分析は、企業がどのくらいの収益力をもっているかを調べるためのものである。企業は利益を上げることを最大の目標として、日々の活動を行っていることから、収益性分析は財務分析の中でもきわめて重要なものであるといえる。

### ② 安全性分析

　安全性分析は、企業の支払能力が十分かどうか、企業の資金状態が良好か否かなどをみるためのものであり、特に金融機関にとっては、この資金繰りの分析は、収益性分析と並んで、欠かすことのできない重要なポイントである。また、一般企業でも、販売先等に企業間信用供与する際に欠かせないものである。

### ③ 生産性分析

　企業は、労働力や機械設備などの資本を投入して生産活動を行っているが、これら生産要素がどのくらい有効に利用され付加価値を生み出しているかを分析するのが生産性分析である。この点から、企業の収益力の基礎となるものを判断するためのものといえる。

### ④ 成長性分析

　現状、収益性や安全性が優れていても、将来も成長を続ける企業でなければ優良な企業とはいえない。永続的成長を社会的使命とすることが企業には求められているからである。この成長性分析を通して企業の成長性、将来性を判断することは、財務諸表分析上、1つの重要なポイントである。

　なお、財務分析の手法にはいろいろあるが、実務上、実数分析と比率分析に分けられる。財務諸表における数値を分析するにあたり、金額のまま分析するか（実数分析）、比率に

より分析するか（比率分析）による分類である。

# ❷ 収益性分析

　収益性を示す指標にはさまざまなものがあるが、資本利益率が最も利用範囲の広い総合指標とされている。資本利益率の中では、総合指標である**総資本経常利益率**を中心に比率分析するのが一般的で妥当性がある。

## （1）総資本経常利益率の分解

　総資本経常利益率は、総資本に対する経常利益の割合を示し、以下のように分解できる。

**総資本経常利益率の分解**

$$総資本経常利益率（\%）=\frac{経常利益}{総資本}\times100=\underbrace{\frac{経常利益}{売上高}\times100}_{売上高経常利益率}\times\underbrace{\frac{売上高}{総資本}}_{総資本回転率}$$

　**売上高経常利益率**は売上高に対する経常的な利益の割合であり、いわば「利幅」を示す。**総資本回転率**は、売上高を基準に投下資本の回転度合い、すなわち資本の「運用効率」を示す。つまり、総資本経常利益率は利幅と運用効率の2つに分解できる。
　総資本経常利益率の分解により、収益状況の良化・悪化または高水準・低水準である要因が、利幅によるのか資本の利用度合いによるのか判断することができる。ここでの判断により、さらに次のステップへ進み、より収益実態を浮彫りにしていく。

## （2）売上高経常利益率の分解

　総資本経常利益率を分解した結果、売上高経常利益率に問題があることがわかったら、次のステップとして、売上高経常利益率をさらに分解して、何が収益に影響を与えているのかをみていく。
　売上高経常利益率の水準は、損益計算書の構造により明らかなとおり、売上原価、販売費・一般管理費、営業外収益および営業外費用により影響を受けるので、この4項目の売上高に対する構成割合およびその変化の動きをみることが良否検討の手掛かりになる。

## (3) 総資本回転率の分解

　総資本回転率は、企業活動に投下された**資本**が年間に何回使われているかを**売上高と対比**して測定しようとするもので、資本の運用効率、利用度合いを示す。

　総資本経常利益率の増減変化に総資本回転率の影響が大きい場合、次のステップとして総資本の運用形態としてどの資産の影響が大きいのか、総資本を構成している各資産回転率を算出し検討する。

　総資本回転率の分解は、総資本を構成している資産（資本の運用形態でみた場合）、あるいは資本そのもの（資本の調達面からみた場合）によっていろいろな種類の回転率が考えられるが、実務上は資産回転率の検討がその中心となる。

　特に売掛債権、棚卸資産および固定資産の回転率が重要である。

## (4) その他の資本利益率

　このほか、資本利益率として次のようなものがある。

**経営資本営業利益率（%）**

$$\frac{営業利益}{経営資本} \times 100$$

（※）経営資本＝総資本－建設仮勘定－遊休不動産－投資等－繰延資産

**総資本当期純利益率（%）**

$$\frac{当期純利益}{総資本} \times 100$$

# ❸ 安全性分析

　安全性分析は、貸借対照表を中心にして、実態面まで把握する必要がある。

　次の比率分析によって、貸借対照表のそれぞれの項目の相互割合から、財務状態の良否、特に支払能力を判断することになる。

第4章

## （1）短期安全性（当面の支払能力）の分析

### ① 流動比率

流動比率は、短期的に支払期日の到来する債務（流動負債）に対して、同じく短期間に回収し、支払充当可能な支払手段（流動資産）がどの程度あるかをみるものである。短期支払能力をみる代表的な指標とされるが、あくまでも期末一時点におけるものである点に留意したい。また、不良資産等が内在していないかも確認する必要がある。

**流動比率（％）**

$$\frac{流動資産}{流動負債} \times 100$$

比率を求めるにあたっては、流動資産、流動負債の中に明らかに1年超の資産・負債（たとえば営業外の長期債権・債務、不渡手形などの焦付債権、不良在庫など）がある場合は、それぞれから控除する。

流動比率の分析では、個々の流動資産・流動負債の内訳を分析することで実態を把握しなければならない。また、当該会社の業種の特性を踏まえた分析が必要である。

流動比率は、支払手段が支払債務の2倍、つまり**200％以上**が理想水準であると考えられているが、現実的には140〜150％が余裕をみた目安といえよう。

### ② 当座比率

流動比率が一応良好であっても、流動資産の大部分がその他の流動資産や棚卸資産であったり、不良・架空の資産が含まれていれば、実質的な支払能力は落ちることになる。そこで、流動比率の質的検討のために当座比率を使う。

**当座比率（％）**

$$\frac{当座資産}{流動負債} \times 100$$

当座資産とは、一般には次のいずれかが用いられている。
- 現金預金＋受取手形＋売掛金＋流動資産に表示された有価証券
- 流動資産－棚卸資産

理想的な水準は、流動負債を全額カバーする**100％以上**であるが、業態によっても異な

り、100%により近いことが望ましい。ただし、赤字企業の場合でも必ずしも流動比率や当座比率が低いとは限らない。むしろ、売上債権が滞留により不良債権化するなどして高水準になることもあるので、当座資産個々の内容の質的検討は欠かせない。

## (2) 長期安全性（財務構成の健全性）の分析

### ① 固定比率

固定資産に投下された資金は、その性格上、長期間にわたり運用され、土地などを除き、大部分のものは減価償却の方法で徐々に回収される。この回収に長期を要する資産が、返済義務のない自己資本でどの程度賄われているかによって、財務の安全性を測定するものである。

**固定比率（%）**

$$\frac{固定資産}{自己資本} \times 100$$

理想的な水準は、固定資産として運用されている資本は全額安定性の高い自己資本で賄われている状態、すなわち**100%以下**が望ましい。現状では一般に、製造業で120〜150%、卸売業、小売業で100〜120%の企業が多い。

100%以下が理想であるが、国内の中小企業の過少資本、借入金依存体質からみて、固定比率100%以下に固執することは現実的ではなく、成長業種では必要な投資を怠れば成長機会を失うことになる。このため、これを現実的に補うものとして、次の固定長期適合率が用いられている。

### ② 固定長期適合率

固定資産が、自己資本と固定負債を加えた長期安定資本によってどの程度賄われているかを測定する指標である。

**固定長期適合率（%）**

$$\frac{固定資産}{自己資本＋固定負債} \times 100$$

**100%以下**が絶対条件である。100%を超える場合、流動負債で固定資産に投下された資金を調達していることを示す。資金状態の安定度からみて60〜80%程度ならば長期安定的

第4章

な固定資本の一部が流動資金に回ることになり理想的といえる。一般に、製造業などの設備投資型業種では水準は高めになることはやむを得ない。

### ③ 自己資本比率（自己資本構成比率）

不況等に対する企業の抵抗力は自己資本の充実であり、この指標は財務の健全性をみる場合の代表的指標といえる。

---

**自己資本比率（％）**

$$\frac{自己資本}{総資本} \times 100$$

---

当然、水準は高いほうが好ましいが、自己資本の範囲内だけで設備投資を行うなど極端に安全性だけに配慮すると、成長の阻害要因ともなる。業種や当該企業の成長期と安定期以後の見方は違ったものになる。

そこで、算出した比率数値を時系列で比較して、その動きが上昇傾向なのか下降傾向なのかを確認するとよい。そして、同業他社との比較により水準の優劣をつかみ、これと増減傾向を絡めて現状判断を行い、かつ、将来を展望する。

自己資本比率は、理論的には投下資本の半分すなわち50％以上が目安と考えられるが、現実的には30％以上を目標とすればよいであろう。

なお、自己資本は払込資本（資本金と資本剰余金）と過去からの留保利益（利益準備金、その他利益剰余金）からなるが、この割合に注目する必要がある。

留保利益が多ければ、それは過去の業績が順調であったこと、内部留保を優先する経営者の姿勢が堅実であったことを意味する。また、配当負担などコスト面を加味し資本金と比較して考えると、当然に内部留保の高いほうが優れているといえる。

### ④ インタレスト・カバレッジ・レシオ

財務的な安定性を測る指標として、金融費用の支払原資が事業利益で賄われている程度を示す**インタレスト・カバレッジ・レシオ**がある。財務の専門家の間では、この指標は、企業倒産のシグナルの一つとしても使用されている。算式は次のとおりである。

---

**インタレスト・カバレッジ・レシオ（倍）**

$$\frac{事業利益}{金融費用} = \frac{営業利益＋受取利息および受取配当＋有価証券利息＋持分法による投資利益}{支払利息および割引料＋社債利息}$$

---

## ❹ 損益分岐点分析

　売上と総費用（一般にいう費用のほかに売上原価や営業外費用も含める）が一致し、損益がゼロになる売上高を**損益分岐点売上高**という。

　損益分岐点売上高の求め方はグラフによる方法と公式による算出方法がある。

　公式による場合、**損益分岐点分析**は、費用を固定費と変動費に分けて費用構造を分析し、売上と利益の相関関係をつかみ、それによって、企業の収益体質を検討したり、その余裕度合いを判断することが主な役割である。さらに、分析を基に、将来予測を含めた利益計画立案にも活用される。

### （1）損益分岐点の算出

　損益分岐点分析を行うための基本項目には、変動費、固定費、限界（貢献）利益、変動費率、限界（貢献）利益率等があり、その理解が重要である。

#### ① 変動費

　生産量や販売量など、企業の操業度の変化に比例して増減する費用であり、たとえば、原材料費、外注加工費、工場電力料、販売手数料などである。

#### ② 固定費

　操業度が変化しても、それに伴って変化することがない費用をいう。人件費、減価償却費、支払利息（以上を三大固定費と呼ぶ）、不動産賃借料、保険料、固定資産税などがある。

#### ③ 限界（貢献）利益

　**売上高**から**変動費**を差し引いた金額を限界（貢献）利益と呼ぶ。変動費が売上高に比例する費用とすると、限界（貢献）利益も売上高に比例することになる。

#### ④ 変動費率

　**売上高の増加**によって**増加する費用**の割合をいう。売上高の増加によって比例的に生ずる費用は変動費であるから、変動費を売上高で除して求める。

---

**変動費率（%）**

$$\frac{\text{変動費}}{\text{売上高}} \times 100$$

---

### ⑤ 限界（貢献）利益率

　限界（貢献）利益を**売上高で除した率**である。これにより、売上高の増加によって、いくらの**追加利益**が獲得できるかを示し、**1から変動費率を差し引いて**求めることもできる。

> **限界利益率（％）**
>
> $$\left(\frac{限界（貢献）利益}{売上高}\right) \times 100 \quad または \quad \left(1 - \frac{変動費}{売上高}\right) \times 100$$
>
> $$(100\% - 変動費率)$$

### ⑥ 損益分岐点

　損益がゼロになる売上高、すなわち損益分岐点売上高を求める。まず、「損益分岐点売上高＝変動費＋固定費」であるから、両辺から変動費を差し引いて「限界（貢献）利益＝固定費」となる。この式の左辺を変形すると次のようになる。

> **損益分岐点売上高**
>
> $$売上高 \times \frac{限界（貢献）利益}{売上高} = 固定費$$
>
> 　ここから両辺を限界（貢献）利益率で除すと、**損益分岐点売上高**は次のとおりとなる。
>
> $$売上高 = \frac{固定費}{限界（貢献）利益率}$$

　損益分岐点を図で示すと〔図表4－9〕のようになる。

　この損益分岐点図表によって、損益分岐点以上の売上高であれば利益が発生し、損益分岐点以下の売上高にとどまると損失になることがわかる。また、費用構造の変化、すなわ

〔図表4－9〕損益分岐点図表

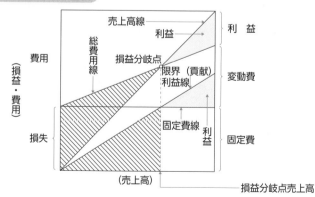

ち固定費の増減（図上の固定費線が上下に変動する）と変動費率の変化（結果として、総費用線の角度が上下に振れる）との組合せによって、損益分岐点の位置が売上高線上を上方または下方に移動することが確認できる。

## (2) 損益分岐点比率による収益の安定性の確認 ━━━━━━

損益分岐点比率は、実際の売上高を100％として、損益分岐点売上高が何％に当たるかをみることで、収益状況の安定度合いを判定するものである。

**損益分岐点比率（%）**

$$\frac{損益分岐点売上高}{実際の売上高} \times 100$$

この比率数値が**低い**ほど、収益の安全性が高いことを示している。

この損益分岐点比率の補数を、経営安全率という。この指標では、比率数値が高いほど、収益の安全性が高いことになる。また、この比率までは売上が低下しても経常損失とはならないことを意味する。

**経営安全率（%）**

$$\frac{実際の売上高-損益分岐点売上高}{実際の売上高} \times 100$$

$$=100-損益分岐点比率$$

## (3) 損益分岐点の利益計画への活用 ━━━━━━

損益分岐点は、その企業の費用構造をベースに算出されるものであるから、この費用構造の将来変化を予測して、いわゆる利益計画の策定にも活用できる。

ここでは、売上高25億円、固定費8億円、変動費15億円である会社について、具体的に検討してみよう。

まず、上記の数字から、以下の数値が求められる。

変動費率 ：15億円÷25億円＝0.6
限界（貢献）利益率：1－変動費率（0.6）＝0.4
損益分岐点売上高 ：8億円÷0.4＝20億円
利益 ：（25億円－20億円）×0.4＝2億円

（または、25億円×（1−0.6）−8億円＝2億円）

## ① 一定の目標利益を上げるためには、いくらの売上高が必要か

**必要売上高**

$$\frac{固定費＋目標利益}{限界（貢献）利益率}$$

固定費と変動費率が従来と変わらない場合の計算式である。目標利益を3億円とすると、次のようになる。

必要売上高：（8億円＋3億円）÷0.4＝27.5億円

## ② 一定の売上高のときに獲得できる利益はいくらか

**獲得可能利益**

売上高×限界（貢献）利益率−固定費

固定費、変動費率が従来と同じで、一定の売上目標が達成できたときの利益の計算式である。売上高が20％増加し、30億円となると、次の利益が獲得できることになる。

獲得可能利益：30億円×0.4−8億円＝4億円

（または、（30億円−20億円）×0.4＝4億円）

## ③ 一定の売上高のときに目標利益を上げるための変動費率はいくらか

**変更後変動費率（％）**

$$\left(\frac{一定の売上高−固定費−目標利益}{一定の売上高}\right)×100$$

固定費は従来と変わらないが、売上高の増加が一定額以上期待できないので、変動費率を改善して目標利益を達成しようとする場合の計算式である。売上高が25億円しか見込めないが、目標利益を5億円とした場合は、変動費率を次のように引き下げる必要がある。

変更後変動費率：（25億円−8億円−5億円）÷25億円＝0.48＝48％

## ④ 一定の売上高のときに目標利益を上げるために節約しなければならない費用はいくらか

**費用節約必要額**

固定費＋目標利益−一定の売上高×限界（貢献）利益率

売上高は一定以上増加できず変動費率も変えられない場合、目標利益を達成するためには固定費を節約するしか方法がない。

売上高は25億円を維持するのが精一杯だが、目標利益3億円を確保したい場合は、次のように費用（固定費）を節約しなければならない。

費用節約必要額：8億円＋3億円－25億円×0.4＝1億円

⑤ **販売価格が変化する見込みのとき、一定の目標利益を上げるにはいくらの売上高が必要か**

> **必要売上高**
>
> $$（固定費＋目標利益）\div \left(1 - \frac{変動費}{売上高 \times （1 \pm 変化率）}\right)$$

当期に比べ、翌期には販売価格の変化が予想される場合の計算式である。販売価格が翌期4％下落する見込みで、目標利益の3億円を確保するには、次のように売上高を伸ばさなければならない。

必要売上高：（8億円＋3億円）÷〔1－{15億円÷(25億円×（1－0.04))}〕≒29.333億円

⑥ **変動費率が変化する見込みのとき、一定の目標利益を上げるにはいくらの売上高が必要か**

> **必要売上高**
>
> $$\frac{固定費＋目標利益}{1 - 変動費率 \times （1 \pm 変化率）}$$

当期に比べ、翌期には変動費率の変化が予想される場合の計算式である。変動費率が3％上昇することが予想されるが、目標利益の3億円を確保したい場合は、次の売上高が必要になる。

必要売上高：（8億円＋3億円）÷{1－0.6×（1＋0.03)}≒28.796億円

⑦ **固定費の増減が見込まれるとき、一定の目標利益を上げるにはいくらの売上高が必要か**

> **必要売上高**
>
> $$\frac{既固定費＋固定費増減額＋目標利益}{1 - 変動費率}$$

変動費率は従来と変わらず、固定費のみ増減する場合の計算式である。固定費が1億円増加したが、目標利益の3億円を確保したい場合は、次の売上高が必要になる。

必要売上高：（8億円＋1億円＋3億円）÷0.4＝30億円

第4章

## 例　題

Q:

《設例》

　Aさんは、上場企業X社の株式の購入を検討している。購入に際し、決算短信から作成した下記の〈X社の財務データ〉を基に、財務分析を行いたいと考えている。

〈X社の財務データ〉　　　　　　　　　　　　　　　　　　（単位：百万円）

| | | 30期 | 31期 |
|---|---|---|---|
| 資　産　の　部　合　計 | | 100,000 | 108,600 |
| 負　債　の　部　合　計 | | 19,200 | 22,600 |
| 純　資　産　の　部　合　計 | | 80,800 | 86,000 |
| 内訳 | 資　　本　　金 | 6,900 | 6,900 |
| | 資　本　剰　余　金 | 10,200 | 10,200 |
| | 利　益　剰　余　金 | 74,300 | 76,400 |
| | 自　己　株　式 | ▲6,300 | ▲6,300 |
| | その他の包括利益累計額合計 | ▲4,300 | ▲1,200 |
| 売　　　　上　　　　高 | | 58,400 | 68,100 |
| 営　　業　　利　　益 | | 4,500 | 5,800 |
| 経　　常　　利　　益 | | 5,100 | 6,300 |
| 当　期　純　利　益 | | 3,100 | 4,200 |
| 配　当　金　総　額 | | 2,100 | 2,520 |

（※）上記以外の条件は考慮せず、各問に従うこと。

《問1》　X社株式の31期における①配当割引モデルによる内在価値（理論株価）、②定率成長モデルによる内在価値（理論株価）をそれぞれ求めなさい。なお、X社の発行済株式総数は5億株、期待利子率は3.5%、期待成長率は1%とする。答は1円未満を四捨五入すること。

《問2》　X社の31期の①決算短信で公表される（自己資本は30期と31期の平均を用いる）自己資本当期純利益率（ROE）、②サスティナブル成長率（ROEは①

で求めた計算結果を用いること）をそれぞれ求めなさい。答は表示単位（％）の小数点以下第3位を四捨五入すること。

# A:

---
**問1のポイント**

配当割引モデルによる内在価値（理論株価）は、一定の配当が支払われるという前提のもと、配当を期待利子率で割り引くことにより求められる。

$$\text{理論株価} = \frac{\text{配当金（円）}}{\dfrac{\text{期待利子率（％）}}{100}}$$

これに対し、定率成長モデルは、成長性を加味したものであり、期待収益率から期待成長率を引いた数値で割り引くことにより求められる。

$$\text{理論株価} = \frac{\text{配当金（円）}}{\dfrac{\text{期待利子率（％）}}{100} - \dfrac{\text{期待成長率（％）}}{100}}$$

---

- 31期における1株当たり配当金
  2,520百万円 ÷ 5億株 = 5.04円
① 配当割引モデルによる内在価値（理論株価）

$$\frac{5.04\text{円}}{0.035} = 144\text{円}$$

② 定率成長モデルによる内在価値（理論株価）

$$\frac{5.04\text{円}}{0.035 - 0.01} = 201.6\text{円} \rightarrow 202\text{円}$$

正解　① 144円　② 202円

① 自己資本当期純利益率（ROE）

自己資本当期純利益率（ROE）は、当期純利益の額を自己資本の額で除して求める。本問では指示どおり、自己資本は30期と31期の平均により求める。

(80,800百万円＋86,000百万円) ÷ 2 ＝83,400百万円

$$\frac{4,200百万円}{83,400百万円} \times 100 = 5.035\ldots\ \% \rightarrow 5.04\%$$

注意点！

本問では、「自己資本＝純資産」であるが、「純資産の部合計」額が自己資本の額とイコールではないことがある。自己資本の額は純資産の額から新株予約権と非支配株主持分の額を引いたものである。

自己資本＝純資産－新株予約権－非支配株主持分

したがって、設例のデータの純資産の内訳に新株予約権、非支配株主持分の記載があれば、これらを純資産から差し引いたものが自己資本の額となる。

② サスティナブル成長率

サスティナブル成長率は内部留保を再投資して得られる理論成長率を示し、ROE に内部留保率（＝１－配当性向）を乗じることにより求める。

サスティナブル成長率＝ROE×内部留保率

　　　　　　　　　　＝ROE×（１－配当性向）

$$5.04\% \times \left(1 - \frac{2,520百万円}{4,200百万円}\right) = 2.016\% \rightarrow 2.02\%$$

正解　① 5.04%　② 2.02%

## Q: ⋯⋯⋯⋯⋯⋯⋯ 例 題 ⋯⋯⋯⋯⋯⋯⋯

《設例》

　Ａさんは建設機械製造業のＸ社、Ｙ社の株式投資に関心がある。連結財務諸表などから作成した以下の〈財務データ〉を投資判断の参考にしたいと考えている。

〈財務データ〉　　　　　　　　　　　　　　　　　　　　　　　　　（単位：百万円）

| | | Ｘ社 | Ｙ社 |
|---|---|---:|---:|
| 資　　産　　合　　計 | | 1,959,055 | 883,047 |
| 負　　債　　合　　計 | | 1,082,256 | 538,816 |
| 純　資　産　合　計 | | 876,799 | 344,231 |
| 内訳 | 株　主　資　本 | 833,975 | 320,286 |
| | その他の包括利益累計額合計 | － | ▲14,712 |
| | 非　支　配　株　主　持　分 | 42,824 | 38,657 |
| 売　　　　　上　　　　　高 | | 1,431,564 | 605,788 |
| 営　　業　　利　　益 | | 67,035 | 19,669 |
| 受　　取　　利　　息 | | 6,000 | 2,239 |
| 受　　取　　配　　当　　金 | | 151 | 423 |
| 支　　払　　利　　息 | | 8,502 | 7,244 |
| 経　　常　　利　　益 | | 64,684 | 15,087 |
| 親会社株主に帰属する当期純利益 | | 41,203 | 4,019 |
| 配　　当　　金　　総　　額 | | 34,862 | 2,089 |

（※）上記以外の条件は考慮せず、各問に従うこと。

《問１》　Ｘ社、Ｙ社の以下の指標をそれぞれ求めなさい。答は表示単位の小数点以下第３位を四捨五入すること。

① 　売上高当期純利益率（％）
② 　使用総資本回転率（回）
③ 　財務レバレッジ（倍）

第4章

《問2》　X社のインタレスト・カバレッジ・レシオを求めなさい。答は表示単位（倍）の小数点以下第3位を四捨五入すること。

# A:  ..........................................................

┌─ 問1のポイント ─────────────────────────────────

①の売上高当期純利益率は、売上高に対する当期純利益の比率であるが、このように2つの言葉が連なって構成された指標は、前の言葉に対する後ろの言葉の比率を指すことが多い。売上高営業利益率、売上高経常利益率、総資産経常利益率、使用総資本事業利益率、自己資本当期純利益率などがあるが、これらはいずれも「ＡＢ率＝Ａ分のＢ」となっている。

└────────────────────────────────────────────

① 売上高当期純利益率＝$\dfrac{\text{当期純利益}}{\text{売上高}}\times 100$

X社：$\dfrac{41,203\text{百万円}}{1,431,564\text{百万円}}\times 100 = 2.878\ldots\ \% \rightarrow 2.88\%$

Y社：$\dfrac{4,019\text{百万円}}{605,788\text{百万円}}\times 100 = 0.663\ldots\ \% \rightarrow 0.66\%$

② 使用総資本回転率＝$\dfrac{\text{売上高}}{\text{使用総資本}}$

X社：$\dfrac{1,431,564\text{百万円}}{1,959,055\text{百万円}} = 0.730\ldots\ \text{回} \rightarrow 0.73\text{回}$

Y社：$\dfrac{605,788\text{百万円}}{883,047\text{百万円}} = 0.686\ldots\ \text{回} \rightarrow 0.69\text{回}$

③ 財務レバレッジ＝$\dfrac{\text{使用総資本}}{\text{自己資本}}$

X社：$\dfrac{1,959,055\text{百万円}}{876,799\text{百万円}-42,824\text{百万円}} = 2.349\ldots\ \text{倍}$
　　　$\rightarrow 2.35\text{倍}$

$$Y社：\frac{883,047百万円}{344,231百万円-38,657百万円}=2.889\dots 倍$$

→2.89倍

┌─────────┐
│ 注意点！ │
└─────────┘
　自己資本は純資産合計から非支配株主持分を引いた数値となる。 なお、売上
高純利益率、使用総資本回転率、財務レバレッジを掛け合わせると ROE（自己
資本利益率）が導かれる。
正解　①　X社 2.88%　Y社 0.66%
②　X社 0.73回　Y社 0.69回
③　X社 2.35倍　Y社 2.89倍

┌──── 問2のポイント ────────────────┐
│ 受け取った利息や配当を分子の営業利益に加え、分母の金融費用は支払った │
│ 利息や割引料となる。 │
└────────────────────────────┘

第4章

インタレスト・カバレッジ・レシオは事業利益を金融費用で除して求める。金融
費用の支払原資が事業利益で賄われている度合いを示し、この数値が高いほうが
財務的な安定性が高いと判断される。

$$インタレスト・カバレッジ・レシオ＝\frac{事業利益}{金融費用}$$

　・事業利益＝営業利益＋受取利息および受取配当＋有価証券利息
　・金融費用＝支払利息および割引料＋社債利息

$$\frac{67,035百万円+6,000百万円+151百万円}{8,502百万円}=8.608\dots 倍$$

→8.61倍
正解　8.61倍

# 実務上のポイント

・流動比率は、比率が高いほうが安全である。

$$流動比率（\%）＝\frac{流動資産}{流動負債}×100$$

・当座比率は、比率が高いほうが安全である。

$$当座比率（\%）＝\frac{当座資産}{流動負債}×100$$

・固定比率は、比率が低いほうが安全である。

$$固定比率（\%）＝\frac{固定資産}{自己資本}×100$$

・自己資本比率は、比率が高いほうが安全である。

$$自己資本比率（\%）＝\frac{自己資本}{総資本}×100$$

・損益分岐点は、損益がゼロになる売上高である。

損益分岐点売上高＝変動費＋固定費

# 第 5 章

# 外貨建て商品

# 第1節 外国為替市場と指標

　現在、日本や欧米主要国では、それぞれの通貨の売り買いの需給バランスによって為替レートが決まる変動相場制がとられている。円、米ドル、ユーロ、英ポンドのように異なる通貨を交換しあう市場のことを外国為替市場という。

　狭義の意味では、金融機関ならびに中央銀行および取引仲介業者からなるインターバンク市場を指すが、金融機関が企業、個人との間で行う対顧客取引市場を含めて外国為替市場ということもある。インターバンク市場で付いた相場が基準になって、対顧客取引に適用される相場が決められるのが一般的である。

　外国為替相場は大きく直物相場と先物相場に分けることができる。直物相場は、売買契約の成立の翌々日に通貨の受渡しが行われる為替取引の相場であり、先物相場は、将来の一定期日（もしくは期間内）に受け渡すことを約定した為替取引の相場である。

## ❶ 銀行間直物相場

　最も一般的な為替相場であり、前提もなく為替相場が示された場合には、この銀行間直物相場であると考えていい。文字どおり、銀行が互いに複数の通貨ポジションを調整するためなどに、異なる通貨を売買するに際して成立する相場のうち最も受渡期間が短い取引につく相場である。日本の場合、売買契約の成立の翌々日に受渡しが行われる。

　現在、東京市場での取引時間制限は撤廃されているが、新聞紙上では便宜上午前9時時点での相場を寄付き、午後5時時点での相場を終値として報じている。

## ❷ 銀行間先物相場

金融機関同士で行われる外国為替取引のうち、直物取引の受渡日以降に決済が行われる

という前提でつく相場である。新聞紙上等ではこの先物相場自体を表示するのではなく、直物相場との差である直先スプレッドとして示されることも多い。

　この直先スプレッドは、基本的には、市場参加者の将来にわたる為替相場の予想に基づいて生じるものではなく、双方の通貨の金利の差を反映する。

## ❸ TTS（対顧客電信売相場）・TTB（対顧客電信買相場）

　銀行が企業や個人との間で通貨を取引するに際して適用される相場が対顧客相場である。銀行間直物相場を卸売相場とすれば、小売相場に位置付けられる。

　まず、金融機関が通貨を売買する際の基準となるレートがTTM（Telegraphic Transfer Middle rate＝電信仲値相場）として定められる。TTMを基準として、銀行が顧客に外貨を売るときに適用される相場が電信売相場である。一般にTTS（Telegraphic Transfer Selling rate）と呼ばれ、TTMに為替手数料分（スプレッド）を上乗せしたレートである。原則として当日受渡しの取引に適用される。外貨預金などに預ける際に、手持ちの円を外貨に換える場合に用いられるレートでもある。

　一方、銀行が顧客の保有している外貨を買い取る際に適用される相場が対顧客電信買相場である。TTSと同様に、TTMに為替手数料分を上乗せした相場であり、TTB（Telegraphic Transfer Buying rate）と呼ばれる。なお、ここでいう「売り」「買い」は、銀行の側から見た表現である。

　なお、TTMとTTSおよびTTMとTTBの差である為替手数料分（スプレッド）は、金融機関や取引業者によって異なる。

## ❹ 対顧客米ドル先物相場

　銀行が顧客との間で米ドルの為替先物取引を予約する場合に適用される相場である。「8月渡」とあれば、8月中に受渡しを行う先物取引に適用される相場を指す。銀行が行う対顧客為替取引においては、翌営業日以降に受渡しが行われる取引にはこの先物相場が用いられることになっている（銀行間取引とは異なる）。

第5章

# 実務上のポイント

- TTSは、顧客が円を外貨に換える（金融機関が外貨を売る）際のレート。TTMに為替手数料を加えたもの。
- TTBは、顧客が外貨を円に換える（金融機関が外貨を買う）際のレート。TTMから為替手数料を差し引いたもの。

# 第**2**節
# 外貨建て商品の仕組みと特徴

外貨建て商品は為替変動リスクがあるため、保有資産の運用先として抵抗がある人も多いかもしれない。しかし、日本円がいかに安全な資産であろうと、円建ての商品だけを持っているということは資産の分散ができていない状態であり、決してよいとは限らない。外貨建て商品は、資産のアセットアロケーションを考えるうえで重要な選択肢の一つである。商品ごとのリスクをしっかり把握し、適切に資産を分散させる必要がある。

## ❶ 外貨預金

### (1) 外貨預金の特徴

外貨預金は、米ドル・ユーロ・英ポンド・豪ドルなどが代表的である。預入期間中の為替相場の動きによって、為替差損が生じるリスクがある（こうしたリスクを回避するために為替先物予約を付けて実質利回りを確定する方法もある）。

外貨預金の特徴は〔図表5－1〕のとおりである。

### (2) 利回りの計算

外貨預金などの外貨建て商品投資には円建て投資に比べて、為替手数料などが加わるため、利回り計算に注意が心要である。

外貨預金の利回り計算の基本的な考え方は、外貨預金投資に要した円貨額が、最終的にいくらの円貨額になって回収できたかを基に、円換算投資利回りを計算するというものである。取引の流れを分解して考えると理解しやすい。

ここでは、外貨預金の場合の金利・TTS・TTBを考慮し、為替相場が円高になった場合、円安になった場合、変わらない場合の3つのケースについて、円換算の投資利回りについて計算してみる。外貨建てMMFや外貨建て債券等の場合も同様の利回り計算を行う。

〔図表5－1〕 外貨預金の特徴

| メリット | ● 外国通貨の高金利や為替差益のメリットを享受することができる。<br>● 国際的に分散投資が図れる。 |
| --- | --- |
| デメリット | ● 為替先物予約を付けない場合、為替差損リスクがある。<br>● 国内と国外の金利差が縮小すれば、高金利のメリットは少なくなる。 |
| 取扱機関 | 銀行など。 |
| 預入期間 | 各金融機関が自由に設定できる。 |
| 金　利 | 金利は海外金利を基準に決定され、通貨の種類、取扱機関、預入金額、預入期間によって異なる。円貨から外貨、外貨から円貨に換えるときに為替手数料がかかるため、実質利回りを計算するときには留意する必要がある。 |
| 預入金額 | 定期預金は100通貨単位、普通預金・当座預金は1通貨単位が一般的である。また、金融機関によって、円ベースで預入単位を設定しているケースもある。 |
| 預金保険制度 | 対象外。 |
| 税　金 | 利子は20.315％源泉分離課税。元金部分の為替差損益は雑所得扱い。為替先物予約を付けた場合の為替差損益は利子と合わせて20.315％源泉分離課税。 |

なお、以下では、小数点第3位を四捨五入した。

---

米ドル建て外貨預金
● 預入時のTTM（仲値）：1ドル＝149円
● 預入時のTTS：1ドル＝150円（為替手数料1ドルにつき1円込み）
● 金利：4.50％
● 預入期間：1年
● 預入金額：1万ドル＝150万円
● 満期時の利子：450ドル

---

① **為替相場が10円円高（満期時のTTMが1ドル＝139円）になった場合**

満期時のTTB：1ドル＝138円（為替手数料1円差引き後）

利子：450ドル×138円＝62,100円

税金：62,100円×20.315％＝12,615.615円 　∴12,615円（円未満切捨て）

利子（手取り）：62,100円－12,615円＝49,485円

注 外貨預金の利子は一律20.315％の源泉分離課税。

元本：1万ドル×138円＝138万円

元利合計：49,485円＋138万円＝142万9,485円

実質利回り：$\dfrac{満期時元利合計－預入時元本}{預入時元本}$

$=\dfrac{142万9,485円－150万円}{150万円}\times100≒▲4.70\%$

### ② 為替相場が10円円安（満期時の TTM が 1 ドル＝159円）になった場合

満期時の TTB：1 ドル＝158円

利子：450ドル×158円＝71,100円

税金：71,100円×20.315％＝14,443.965円　∴14,443円（円未満切捨て）

利子（手取り）：71,100円－14,443円＝56,657円

注 外貨預金の利子は一律20.315％の源泉分離課税。

元本：1 万ドル×158円＝158万円

元利合計：56,657円＋158万円＝163万6,657円

実質利回り：$\dfrac{163万6,657円－150万円}{150万円}\times100≒9.11\%$

### ③ 為替相場が変化しない（満期時の TTM が 1 ドル＝149円）場合

満期時の TTB：1 ドル＝148円

利子：450ドル×148円＝66,600円

税金：66,600円×20.315％＝13,529.79円　∴13,529円（円未満切捨て）

利子（手取り）：66,600円－13,529円＝53,071円

注 外貨預金の利子は一律20.315％の源泉分離課税。

元本：1 万ドル×148円＝148万円

元利合計：53,071円＋148万円＝153万3,071円

実質利回り：$\dfrac{153万3,071円－150万円}{150万円}\times100≒▲2.20\%$

以上の結果から、外貨建て商品は円建て商品より高い利子収入は見込めるものの、満期時の為替レートが円高になった場合には円換算後の利回りは低下し、元本割れも起こり得ること（為替リスク）がわかる。さらに、為替レートに変動がなかったとしても、TTBとTTSの差額分は投資家が負担するコストとなるため、利子収入が低い場合、実質利回りはマイナスになることも起こり得る。

第 5 章

# ❷ 外貨建て投資信託

## (1) 外貨建て MMF

　外貨建て MMF は、後述する外貨建て投資信託の一種である。海外の短期国債や CD、CP などを組み入れて運用し、株式は組み入れない。

　金融機関によっても異なるが、取扱通貨は米ドル・ユーロ・豪ドルなどである。

　外貨建て MMF の特徴は〔図表 5 − 2〕のとおりである。

## (2) 外貨建て投資信託

　外貨建て投資信託は、ファンド基準価額を外貨で表示する投資信託のことである。米国

〔図表 5 − 2〕外貨建て MMF の特徴

| | |
|---|---|
| メリット | ●運用会社によって利回りに差はあるが、一般的に外貨預金に比べて利回りが高い。<br>●一般に、外貨預金に比べて為替手数料が安い（取扱金融機関により異なる）。<br>●手数料なしで、いつでも換金できる（信託財産留保額を差し引かれない）。<br>●購入時、解約時ともに手数料不要。<br>●外貨ベースでは元本を割り込むリスクは低く、円安が進めば為替差益が得られる。<br>●外貨建て MMF だけを利用する場合は、口座管理料は無料である（外国証券取引口座の開設は必要）。<br>●外債の償還金および売却金を、外貨のまま外貨建て MMF の買い付けに回すこともできるため、外債が償還を迎えたときに為替差損が生じていた場合など、再び円安になるまで外貨建て MMF で運用できる。 |
| デメリット | 円高が進むと円ベースでの手取りで為替差損が生じるおそれがある。 |
| 運用期間 | 制限なし。 |
| 利 回 り | 運用会社によって異なる。 |
| 換 金 | いつでも換金できる（支払は翌営業日）。 |
| 購入単位 | 販売会社によって異なる。通常10通貨単位から受け付けている。 |
| 税 金 | 分配金は20.315％の申告分離課税または申告不要。譲渡損益は20.315％の申告分離課税の対象。 |

〔図表5－3〕 外貨建て投資信託の特徴

| メリット | ●運用方法によっては、地域・業種などを相当程度分散させた投資が可能である。<br>●円安が進むと為替差益により高い収益性が期待できる。 |
|---|---|
| デメリット | ●円高が進むと為替差損を被るリスクが生じる。<br>●購入に際して、外国証券取引口座を開設しなければならない。 |
| 運用期間 | ファンドによって異なり、償還期限のないファンドもある。 |
| 利 回 り | 株価や債券相場、為替相場などにより変動する。 |
| 換 金 | いつでも換金できる。 |
| 購入単位 | ファンドによって異なる。 |

や欧州、アジアなど海外市場に分散投資するファンドが中心になる。外貨建てとなるため、円ベースの運用収益は、ファンドに組み入れられている有価証券の値動きに加え、為替相場の影響も受ける。国内投資信託を外貨建てで設定することも認められている。

　外貨建て投資信託の基準価額は、運用結果次第で変動するが、為替変動の影響も受ける。基準価額が上昇していても円高であれば、損失が発生することもあり、また円安となっても基準価額の下落により損失が発生することもある〔図表5－3〕。

　外貨建て投資信託は、為替リスクに関して3分類できる。

① **為替ヘッジなし**

　為替の変動がそのまま基準価格に反映されるもの

② **為替ヘッジあり**

　為替リスクを常にヘッジし、為替変動リスクを最小限に抑える。なお、ヘッジするためのコストがかかる。

③ **機動的にヘッジ**

　為替が円高になるときにヘッジをかけ、為替差益を狙っていく。なお、運用報告書の為替ヘッジ比率やネット為替エクスポージャー比率などによりヘッジ効果を見積もることができる。ヘッジコストはかかる。

# ❸ 外国株式

　外国株式の投資方法は大きく分けて3種類ある〔図表5－4〕。海外市場で注文を執行する外国取引、国内の証券会社と相対取引を行う国内店頭取引、国内取引所に上場している外国株式について通常の国内株式のように取引を行う国内委託取引の3種類である。国

**〔図表5－4〕外国株式への投資方法**

| | 方法 | 購入価格と手数料 | 指値注文 |
|---|---|---|---|
| 外国取引 | 投資家の注文を証券会社が取り次いで海外市場で売買する方法 | 現地通貨建て株価＋現地での手数料＋国内での取次手数料 | 可 |
| 国内店頭取引 | 投資家と金融商品取引業者が相対でその証券会社が在庫として持っている外国株式や外国債券を海外市場の株価や単価を基準として売買する方法 | 金融商品取引業者が提示する価格のみ（手数料込みの価格となっている） | 不可 |
| 国内委託取引 | 国内取引所に上場している外国株式を売買する方法（信用取引も可能） | 円貨表示の株価 | 可 |

内委託取引は邦貨表示での取引であるが、為替リスクがないわけではない。その株式の発行企業国の通貨価値をあらかじめ織り込んだ株価での取引となるためである。

# ❹ 外貨建て債券

　外貨建て債券の魅力は、高い利回りである。超低金利の国内債券に比べ、期間によって異なるが、アメリカ（米ドル建て）などの国債では3〜4％、トルコ（リラ建て）など新興国の国債では10％以上の年利回りになる外貨建て債券もある。一方、外貨建て債券特有のリスクもあるため、リスクをしっかりと管理したうえで、保有資産のアセットアロケーションを組んでいかなければならない。なお、リスク分散の観点から新興国通貨建ての資産を検討する場合、外貨建て投資信託と外貨建て債券が運用対象となる場合が多い。

　また、購入時および売却時ともに為替手数料がかかる。

## ① 信用リスク

　外貨建て債券の発行体の財務状況が悪化したり、経営が破綻して元本や利子の支払が不能となるリスクが考えられる。外貨建て債券についても、国内の円建て債券と同様に、格付機関が公表している債券発行機関の格付内容を確認する必要がある。

## ② 金利リスク

　金利と債券価格は、逆の相関関係にある。たとえば、外貨建て債券を購入した時点よりも金利が上昇すると債券価格は下落する。このため、償還（満期）まで保有していれば、外貨ベースでの額面は確保されるが、中途売却すると、金利リスクが顕在化することになる。国内金利とは違う動きをするので、償還（満期）まで保有しない場合は注意が必要である。

### ③ 為替（通貨）リスク

　為替（通貨）リスクとは、為替レート変動によるリスクを指し、外貨建て商品投資共通のリスクといえる。外貨建て債券を購入したときよりも換金時に円高になった場合は、中途売却であっても、償還（満期）であっても為替差損が発生することになる。つまり、外貨ベースで2倍になる債券であっても為替が2分の1（円高外貨安）になってしまうと、利益は出ない。しかし、円安になれば、その分の利益も上乗せして享受することができる。

## ❺ 発生型・消滅型通貨オプションを組み込んだ商品

　通貨オプションなどデリバティブを組み込んだ外貨建て商品もある。この通貨オプションも単純な通貨オプションだけではなく、**エキゾティックオプション**と呼ばれる特殊なオプション取引も使用されている。

　エキゾティックオプションの仲間の一つに**バリアオプション**というものがある。バリアオプションとは行使期日までの間に一度でも事前に定められたバリアレートと呼ばれる価格に到達した場合にオプション取引契約が行使期日を待たずに消滅したり（ノックアウト型）、それまでになかったオプション取引契約が発生したり（ノックイン型）するオプション取引をいう。

　オプション取引は組合せの方法によっては為替予約になる。つまり、オプション取引が同一行使期日、同一オプション金額、同一行使価格であるとすれば、コール・オプションの買いとプット・オプションの売りを組み合わせれば外貨買いの為替予約となり、プット・オプションの買いとコール・オプションの売りを組み合わせれば外貨売りの為替予約となる。

　この組合せを同一バリアレートのバリアオプションで行うと、消滅する為替予約や発生する為替予約が作れることになる。外貨預金とこの為替予約で消滅型（ノックアウト型）の外貨売り予約（輸出予約）を組み合わせて銀行等でノックアウト条件付為替予約付外貨預金として販売されている。

　ノックアウト条件付為替予約付外貨預金は預入後満期日近くまでの為替レートが一定水準を下回らない限り、外貨売り予約され円ベースで元利金とも確保されるが、一定水準を下回った場合、為替予約は消滅し、外貨預金が元本割れのリスクにさらされるという商品になっている。この一定水準がバリアレートにほかならないが、預入時点の為替レートより円高水準に設定される。

為替予約やオプション取引等のデリバティブの基本的な性質は、契約時点での経済価値はゼロ（オプション取引の場合は、買手の支払うオプション料）であることにある。つまり、通常の為替予約と消滅型の為替予約も契約時点においては同じ経済価値でなければならない。しかし、消滅型の為替予約は利用者にとっては中途半端な為替予約であり、予約の為替レート水準は外貨売り予約であれば、通常の為替予約に比べて外貨高水準にならなければ、同じ経済価値とはならず矛盾する。外貨売り予約のメリットが通常の外貨売り予約に比べて限定されているからである。通常の外貨売り予約を外貨預金に付与した場合は最高でも同期間の円定期預金利回りを超えることはないが、消滅型の外貨売り予約であれば、予約が消滅しない限りにおいて円定期預金利回りを上回ることも可能となる。

## ❻ 外国為替証拠金取引（FX取引）

外国為替証拠金取引（**FX取引**）とは、外国為替を売買する取引である。

取引では、一定の証拠金を担保にして、証拠金が少なくても取引ができるレバレッジ効果が大きな特徴で、為替変動による為替差益のほか、通貨間の金利差（スワップポイント）が収益源となる、ハイリスク・ハイリターンな商品である。なお、外国為替相場には、株式相場と異なり1日の値幅を制限する値幅制限がないため、実際の取引では、相場の思惑が外れて評価額が一定額を超えた場合、それ以上損失が拡大しないように反対売買をする「ストップロス制度」が導入されている。

金融商品取引法により、FX取引は金融商品取引業者でなければ行うことができず、販売の際には重要事項の説明義務を課すことが義務付けられている。また証拠金の保護に関し分別管理が義務付けられている。

なお、FX取引には、公的な市場で行われる取引所取引（東京金融取引所が「くりっく365」および5通貨ペアで取引単位が10倍の「くりっく365ラージ」を開設）と店頭で行われる非取引所取引（店頭取引）がある〔**図表5－5**〕。

## ❼ 外貨建て保険

外貨建ての保険は、米ドル、ユーロ、豪ドル建てが主流であり、外貨建て個人年金保険、外貨建て一時払終身保険、外貨建て一時払変額保険などがある。保険として販売している

〔図表 5 － 5〕外国為替証拠金取引（FX 取引）

| | | 取引所取引 | 店頭取引 |
|---|---|---|---|
| | | くりっく365 | |
| 売買手数料 | | 業者により異なる | |
| 注文制度 | | マーケットメイク方式（複数の金融機関がマーケットメーカーとなり、各金融機関が提示する価格を取引所が合成していく） | 相対取引（円相場について、小数点以下3桁の「厘」まで表示する業者が増えている） |
| スワップポイント | | 同一通貨の建玉（売買後の未決済の通貨や数量の状況）は、投資家の受取金額と支払金額が同額となる →受取金額＝支払金額 | 多くの業者は、投資家の受取金額を少なく、支払金額を多く設定している →受取金額＜支払金額 |
| レバレッジ | | 最大25倍（取引額の4％以上の証拠金が必要） | |
| 取扱通貨ペア数 | | 25通貨ペア(※) | 業者により異なる |
| 税金 | 差益課税 | ●他の所得と区分し、「先物取引に係る雑所得等」として、所得税15.315％、住民税5％の税率で申告分離課税 | |
| | 差損が生じた場合 | ●他の株式先物、商品先物等「先物取引に係る雑所得等」との損益通算はできるが、それ以外の所得の黒字との損益通算はできない ●他の「先物取引に係る雑所得等」と通算しても引ききれない損失は、一定要件のもと、翌年以降3年間は「先物取引に係る雑所得等」の金額から控除できる | |
| 証拠金の保護 | | 取引所または清算機関による分別管理 | 分別管理は義務付けられているが、業者により預託方法等の取扱いが異なる |

（※）くりっく365ラージは5通貨ペア

が投資性の強い商品となっており、外貨建て保険の保有は資産のアセットアロケーションを考えるうえで重要な検討事項の一つとなる。

なお、円換算特約を付けても為替変動リスクの軽減はできないが、円建てに比べ予定利率は高いため、契約後に為替が円安になると、大きな利益が生じることがある。

① **円建ての保険と違い、以下のような特徴がある商品が一般的である**

- 通貨を「米ドル」「ユーロ」「豪ドル」から選択する
- 予定利率が円建てよりも高い
- 死亡保険金は、選択した通貨ベースで最低保証（基本保険金額）される
- 選択した通貨の外貨預金を保有している場合、保険料として利用できる
- 円で払い込む場合（円換算特約）、保険会社指定の為替手数料を負担しなければなら

〔図表 5 − 6〕外貨建て一時払終身保険のイメージ図

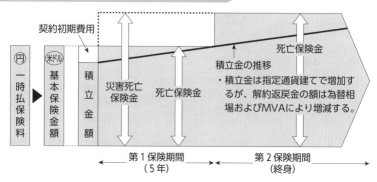

ない

- 解約返戻金および死亡保険金は、選択した通貨もしくは円で受け取ることができる（為替手数料は負担）

- 解約返戻金を選択した通貨で受け取った場合、一時所得の金額は外貨を円貨に換算したうえで計算を行う

- 解約返戻金や死亡保険金は為替変動によるリスクを負う

② **以下の点では、円建て保険と同様の特徴を持つ**

- 生命保険契約者保護機構による保護の対象になる

- 死亡保険金は、相続税の計算において、死亡保険金の非課税金額の規定の適用を受けることができる

- 解約返戻金は、市場価格調整（MVA）される場合がある

# 実務上のポイント

- 外貨建て MMF は、購入・解約時手数料は無料、株式は組み入れない等の特徴がある。

- 為替ヘッジがある外貨建て投資信託では、外貨の先物取引やオプション取引を利用して、為替変動リスクを回避する。しかし、為替ヘッジする際には2国間の短期金利差相当のヘッジコストがかかる。

# 第 **6** 章

# 金融派生商品

# 第1節 デリバティブの概要と種類

## ❶ デリバティブ取引の種類と分類

　デリバティブ取引（Derivative＝派生商品）とは、金融商品の価格変動リスクを回避し、高利回りの運用など有利な条件を確保するために開発された金融商品である。原資産と呼ばれる株式、債券、金利、通貨などの本来の金融商品の価格と、その価格変動を取引対象にしている。

　〔図表6－1〕は、デリバティブ取引の種類を原資産と対応させて整理したものである。デリバティブ取引は、先物（フューチャー）取引、オプション取引、スワップ取引に大き

〔図表6－1〕主なデリバティブの種類

| 原資産 | | デリバティブ | | |
| --- | --- | --- | --- | --- |
| 種類 | 例 | 先物（先渡） | オプション | スワップ |
| 金利 | 債券<br>預金<br>TONA<br>TORF<br>TIBOR | 債券先物<br>金利先物<br>金利先渡（FRA） | キャップ、フロア、カラー<br>スワップション<br>債券先物オプション<br>金利先物オプション | 金利スワップ |
| 通貨 | 円／外貨 | 通貨先物<br>為替予約 | 通貨オプション<br>通貨先物オプション<br>通貨スワップション | 通貨スワップ |
| 株式 | 株価指数<br>株式 | 株価指数先物<br>業種別株価指数先物 | 有価証券オプション<br>株価指数オプション<br>業種別株価指数先物オプション | エクイティ・スワップ |
| 商品 | 金<br>原油 | 商品先物 | 商品オプション | コモディティ・スワップ |
| その他 | 信用力<br>天候 | | クレジットデリバティブ<br>天候デリバティブ | クレジット・デフォルト・スワップ（CDS） |

く分けることができる。なお、〔図表6-1〕では、先渡（フォワード）取引は先物の中に含めてある。

先物（フューチャー）取引とは、ある商品（原資産）を、将来の一定期日（限月）に、取り決めた値段で取引することを約束する契約のことである。期日まで待たずに、転売または買戻しによって決済することも可能である。

オプション取引とは、原資産を、将来の一定期日に、特定の価格（権利行使価格）で、売り付け・買い付けする権利（オプション）の取引である。権利の対価（プレミアム）は、市場の需給によって変動するので、この変動を利用し、転売または買戻しを行うことにより、その差額を得ることができる。

スワップとは、「交換する」という意味で、金融市場では、固定金利と変動金利、円金利とドル金利といった種類の異なる金利を交換する取引を広く「スワップ取引」と呼んでいる。

## ❷ 取引市場による分類

デリバティブの種類を取引されている市場により分類すると、〔図表6-2〕のとおりである。取引所に上場されている取引は取引所取引、非上場で銀行や証券会社との相対取引は店頭取引と呼ばれる。なお、金利スワップなど店頭取引の残高が取引所取引より多い。

短期金利先物、国債先物や日経平均株価、東証株価指数（TOPIX）などの株価指数先物、そしてこれらに絡むオプション取引は取引所取引の代表例である。一方、為替予約、金利スワップ、通貨スワップやこれらに絡むオプション取引などは店頭取引の代表例である。

〔図表6-2〕デリバティブの種類の市場による分類

| 原資産 | 取引所取引 | 店頭取引（OTC） |
|---|---|---|
| 金利 | 金利先物、金利先物オプション<br>債券先物、債券先物オプション | 金利スワップ、FRA（※）<br>キャップ、フロア、カラー<br>債券店頭オプション |
| 通貨 | 通貨先物、通貨先物オプション | 通貨オプション、為替予約<br>通貨スワップ<br>通貨スワップション |
| 株式 | 株価指数先物<br>株価指数オプション | エクイティ・スワップ<br>エクイティ・オプション |
| 商品 | 商品先物<br>商品先物オプション | コモディティ・スワップ<br>コモディティ・オプション |

（※）金利先渡取引

第 **2** 節

# 先物取引

## ❶ 先物取引の仕組み

### (1) 先物取引の概要

　先物取引とは何か、ここでは米の例で具体的に説明する〔**図表6-3**〕。

　たとえば、4月1日、商店主のAさんと農家のBさんとの間で、半年後の10月1日に米200kgを1kg当たり1,000円で売買する契約を結んだとする。契約をする段階では、米は収穫前で実際にはまだないうえ、実際の売買代金の受渡しはこの時点では発生しない。もちろん、AさんとBさんの契約とは関係なく米の市場価格は変動する。

　不作になり、10月1日の時点で米の市場価格が3,000円/kgとなっていれば、1,000円/kgで買うことができるAさんは大儲けである。逆に、Bさんは先物の契約がなければ3,000円/kgで売ることができる米を1,000円/kgで売らないといけなくなり、大損である。もちろん、豊作になり価格が下がれば、AさんとBさんの立場は逆転する。これが、先物取引である。

　上記のように、商店主のAさんが「米の値段が半年後には上昇する」と予測し、反対に農家であるBさんが「米の値段が半年後には下落する」と異なる予測をした場合、先物取引は成立する。つまり、取引当事者間で相場見通しが異ならない限り、先物取引は成立し

〔**図表6-3**〕商店と農家の先物のイメージ

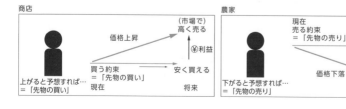

ない。

　先物取引とは、ある商品（この例では米）のある特定の数量（この例では200kg）について、将来の特定の時点を期限日（この例では10月1日）として、あらかじめ定める価格（この例では1,000円/kg）で売買（現物決済）することを契約する取引をいう。

　また、期限日前でも、その時点で定める価格で反対売買（売契約の場合は買戻し、買契約の場合は転売）することにより差金決済することもできる。

　たとえば、8月15日に台風の影響で不作になるとの観測が広がり、米の先物（10月1日期限）の価格が1,500円/kgになったとすると、Aさんは1kg当たり500円の評価益を得たこととなり、反対にBさんには1kg当たり500円の評価損を被っていることになる。この場合、8月15日に買手であるAさんは、先物（10月1日期限）を転売することにより利益を確定することができる。

　このように、先物取引の大きな特徴は、必ずしも期限日に現物決済することが決められているわけではなく、期限日前に反対売買して差金決済することもできることである。

　また、先物取引の中には、後述する株価指数先物取引のように現物決済することが元々できないものがあり、このような場合には、期限日前に差金決済しなければ期限日に差額の決済のみが行われる。

## (2) 先物取引と先渡取引

　先物取引と先渡取引は、将来の決済を前提とした取引である。既に取引の実行には合意しているため、将来の時点でその取引を始めることの有利・不利にかかわらず、その取引は行われる。

### ① 先物取引

　先物取引はフューチャーとも呼ばれ、原則は取引所取引である。取引所取引というのは、取引対象が上場されていて、参加者が取引所で売買する取引である。日本では、国債、株価指数、短期金利について、活発な先物取引市場が存在している〔図表6−4〕。

　先物取引が取引所取引である点にはメリットとデメリットがある。メリットは、（i）単純化された商品を少数取り扱うことで大きな取引金額を簡単にこなすことができる（＝流動性が高い）こと、（ii）取引所が決済の履行を保証するという清算業務を行うため、契約の履行が確実である（＝取引相手のリスクがない）こと、（iii）価格の透明性が高いこと、などである。デメリットは、（i）個別具体的な取引ニーズに合致しない（＝柔軟性に乏しい）こと、（ii）取引履行を確実にするための証拠金を取引所に納めなくてはならない（＝証拠金が必要）こと、などである。

### 〔図表6-4〕代表的な上場先物

| 種　類 | 国　債 | 株価指数 | | 短期金利 |
|---|---|---|---|---|
| 取 引 所 | 大阪取引所 | | | |
| 取引対象 | 中・長・超長期国債<br>（5年、10年、20年もの） | 日経平均<br>株価<br>（日経225） | 東証株価<br>指数<br>（TOPIX） | TONA3カ月金利 |
| 取引最終日 | 受渡決済期日の<br>5日前<br>（休業日を除外） | 各限月の<br>第2金曜日の前日に<br>終了する取引日 | | 各限月の3カ月後の<br>第3水曜日の<br>前営業日前 |

（注）これらのほかに証拠金取引として、主に個人投資家を対象とする為替証拠金取引（くりっく365）や株価指数証拠金取引（くりっく株365）などもある。

### ② 先渡取引

　先渡取引はフォワードとも呼ばれる相対取引である。相対取引というのは、取引の条件を個別に当事者同士で話し合って決める取引（店頭取引）で、お互いが合意さえすれば、どのような金融商品で、どのような期間であっても、取引することができる。典型的な先渡取引は外国為替を対象にした為替予約である。

　先渡取引のメリットとデメリットは、ちょうど先物取引の裏返しである。つまり、メリットとしては、個別具体的な取引ニーズに合致させやすい（＝柔軟性が高い）こと、証拠金などが原則として要らないことであり、デメリットは、大きな金額の取引が常にできるわけではない（＝流動性が乏しい）こと、契約履行が不確実である（＝取引相手のリスクが存在する）こと、そして、取引相手によって価格・条件が異なる可能性が高い（＝価格が不透明）ことである〔図表6-5〕。

### 〔図表6-5〕先物取引と先渡取引の比較

| | 先物取引 | 先渡取引 |
|---|---|---|
| 呼　称 | フューチャー | フォワード |
| 取 引 形 態 | 取引所（上場） | 相対 |
| 取引相手の<br>契約履行リスク | 考慮の必要なし | 考慮の必要あり |
| 証拠金の納付 | あり | 原則なし |
| 取引の条件設定の<br>柔軟性 | なし | あり |

# ② 先物の利用方法

## (1) ヘッジ取引─リスク回避目的

　ヘッジ取引とは、現在保有しているかまたは将来保有する予定のある現物の価格変動リスクを**回避**または**軽減**するために、先物取引において現物と反対のポジションをとる取引で、先物取引の最も基本的かつ重要な利用方法である〔**図表6-6**〕。ヘッジ取引には、売りヘッジ、買いヘッジの2種類がある。

### ① 売りヘッジ

　売りヘッジとは、現物の**値下り**（または売り）**に備えた**ヘッジである。たとえば、保有する株式について株価の下落が予想される場合、株価指数**先物を売って**おき、予想どおり下落したときは、現物株式で発生する損失を株価指数先物の買戻しによって得た利益で相殺しようとする取引である。

### ② 買いヘッジ

　買いヘッジとは、現物の**値上り**（または買い）**に備えた**ヘッジである。たとえば、株価の**上昇**が予想され、将来、株式取得を計画している場合は、株価指数**先物を買って**おき、予想どおり上昇したときは、それを転売して利益を得て、これを現物株式の購入資金に加えることができるので、株価の安い時期に買えなくても、先物を使えば同じ効果を得ることができる。

## (2) 裁定取引（アービトラージ取引）─利ザヤ獲得目的

　現物（あるいは理論価格）と先物との間の価格差あるいは先物の異なる限月間の価格差等に着目し、そのサヤ取りを目的として行われるものである。

〔図表6-6〕売りヘッジの取引（買いヘッジは①、②が入れ替わる）

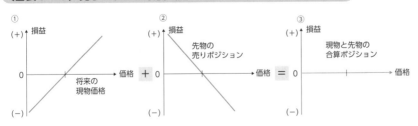

### ① 現物価格との裁定取引（ベーシス取引）

　実際の先物の価格と現物価格との差（ベーシス）が一定水準以上または以下になった場合、現物株式と株価指数先物のうち**割高**なほうを**売り**、**割安**なほうを**買い**、後日、両者の関係が正常に戻った時点で、両方の取引について反対売買を行うことにより利益を得ることができる。

　ベーシス取引は、先物・現物間の価格差を合理的な水準に近づけるとともに、先物・現物両市場の流動性を高める効果がある。

### ② スプレッド取引

#### a．カレンダー・スプレッド取引（限月間スプレッド取引）

　同じ商品の先物取引の異なる限月間の価格差（スプレッド）が一定水準以上または以下になった場合、割高なほうを売って、割安なほうを買うことにより利益を得る取引

#### b．商品間スプレッド取引

　同一限月の異種（たとえば、TOPIXと日経225）の商品における先物間の価格差が一定水準以上または以下になった場合、割高なほうを売って、割安なほうを買うことにより利益を得る取引

## （3）スペキュレーション取引―投機目的

　現在の先物の価格が安いと思い、将来値上りが見込めると思うときに先物を買い、実際に値上りしたときに転売することにより、利益を得る取引である。反対に、現在の先物の価格が高いと思えば、先物を売っておき、値段が下がれば買い戻して利益を得ることも可能である。

　現物に比べ、先物のスペキュレーション取引は取引開始時は証拠金だけ負担すればいいという**レバレッジ効果**があり、ハイリスク・ハイリターンの取引である。

## ❸ 商品先物市場

## （1）商品取引市場と指標

　金、白金、銀、ガソリン、原油、大豆、トウモロコシ、米、ゴムといった一次産品が事業者や投機家、ブローカー業者等の間で取引されるのが商品取引市場である。大別すると現物市場と先物市場があり、一般に商品取引市場といった場合には、先物市場を指すこと

が多い。現在、国内では日本取引所グループの東京商品取引所および大阪取引所と堂島商品取引所が市場を運営している。

　商品先物取引とは、将来の特定期日に所定の商品を受け渡すという契約を現時点で結ぶものである。そして、その商品を現物で購入すれば必要になる金額の数分の1の委託証拠金を業者に差し入れるだけで、その取引が実行できること、すなわちレバレッジ効果のあることが最大の特徴である。このことが商品先物取引に投機的機能を与えている。

　商品取引相場の動向を示すものには、日経商品指数がある。これは日本経済新聞社が独自で選定した主要な商品について、その全体の平均的な価格水準を指数化して示すものである。毎日作成される17種および毎月末作成される42種のほか、日経国際商品指数なども作成されている。

## (2) 商品ファンド

　商品ファンドは、投資家から集めた資金をさまざまな先物市場等に投資するファンドである。投資対象には、世界各地の先物市場で取引されている穀物、貴金属、非鉄金属、エネルギーなどの商品や、株価指数、通貨、金利などの金融先物取引、金現先取引、債券市場などがあり、競走馬などに投資するものもある。貴金属先物取引や穀物先物取引など単一の商品先物での運用はリスクが大きいため、これらの複数の商品先物に分散投資する。

　基本的な仕組みは投資信託と同じであるが、商品ファンドは、「商品投資に係る事業の規制に関する法律」（商品ファンド法）に基づくもので、運用法人の組成形態には、リミテッド・パートナーシップ、匿名組合、合同運用指定金銭信託がある。複数の商品投資販売業者が受益証券を販売し、投資家から資金を集め、運用法人は集めた資金の運用を複数の商品投資顧問業者に委託する。

　商品ファンドには「元本確保型」と「積極運用型」がある。元本確保型は、金現先取引や欧米銀行の信用状などで元本を確保し、資金の一部を先物で運用するものである。「90%元本確保型」といった「一部元本確保型」もある。積極運用型は、資金の大部分を先物取引により積極運用するため、元本確保はされないリスクも大きいがハイリターンが狙える。

第6章

# ❹ 先物為替の理論メカニズム

## (1) 先物為替レートの理論値

　先物為替レートは、以下のとおり、理論的に算出することが可能である。ただし、算出されるレートはあくまでも理論値であり、必ずしも、将来の為替レートがそのとおりとなるわけではない。

（ⅰ）いま3カ月の円資金を調達し、3カ月の米ドル資金で信用リスクのない銀行の外貨預金で運用することを考える。現在の為替レートは1米ドル150円であるとする。

（ⅱ）150万円の資金を金利1％で調達したとき、3カ月後には以下の額の返済を必要とする。

150万円×（1＋1％×0.25年）＝150万3,750円

（ⅲ）一方、調達した130万円を1万米ドルに換え（＝150万円÷150円）、3カ月間、3.6％の米ドル外貨預金で運用できた場合、満期時の元利金合計は以下のとおりとなる。

1万米ドル×（1＋3.6％×0.25年）＝1万90米ドル

（ⅳ）このとき、この1万90米ドルと（ⅱ）の150万3,750円が同一となる為替レートが、3カ月の先物為替レートとなる。すなわち、1米ドルは約149.04円（＝150万3,750円÷1万90米ドル）となる。

　なぜなら、仮に、同じ金利条件で為替売買のスプレッドがゼロのとき、先物為替レートが149.04円より円安水準であった場合、外貨預金の米ドル売り円買い予約（輸出予約）を行えばこの円貨調達外貨運用により無リスクで利益を確定することができる。逆に149.04円より円高水準であった場合は、外貨で資金調達、円貨で資金運用を行い、外貨の調達に3カ月後の米ドル買い円売り（輸入予約）を入れることで同じように無リスクで利益を確定することができる。

　無リスクで利ザヤが取れるような取引は金融市場ではすぐに取引が殺到し、その状態はすぐに修正されるため、先物為替レートについては、誰もサヤ取りができない約149.04円に落ち着くことになる。

　このように先物為替レートは現在の為替レートとその期間に対応した円金利と外貨金利により理論的に決定される。公式として整理すると次のようになる。

**T年後の先物為替レート理論値**

$$X円 \times \frac{(1 + Rj \times T)}{(1 + Rf \times T)} \quad （ただし T \leqq 1）$$

現在の為替レート：X円
T年の円金利：Rj%
T年の外貨金利：Rf%

金融機関が顧客に提示する先物為替レートはこの理論値を基に、外貨買い予約のときは手数料を上乗せして、外貨売り予約のときは手数料を差し引いて提示している。

## (2) 金利差と先物レートの関係

「X円×」以降の分数の部分は、円金利が外貨金利より高ければ（Rj>Rf）、1より大きくなる。逆に、外貨金利が円金利より高ければ（Rj<Rf）、1より小さくなる。すなわち、円金利が外貨金利より高ければ、先物為替レート理論値は現在の為替レートより円安水準になり、円金利が外貨金利より低ければ、逆に円高水準となる。

先物為替レートの理論値が現在の為替レートより円安水準になることをプレミアムの状態と呼び、円高水準となることをディスカウントの状態と呼ぶ。現在の円金利は未曽有の低金利になっており、ほとんどの外貨に対して先物為替レートはディスカウントの状態となっている。

第6章

## 第3節 オプション取引

## ① オプション取引の仕組み

### (1) オプション取引の概要

　オプションとは、「あらかじめ定められた期日（満期日）に、もしくは期日までに、あらかじめ定められた価格（権利行使価格）で原資産を買い付ける権利あるいは売り付ける権利」のことをいい、オプション取引とは、この買い付ける権利や売り付ける「権利」の取引である。

　買う権利を**コール・オプション**、売る権利を**プット・オプション**と呼ぶ。それぞれに買手と売手が存在する。つまり、「コール・オプションを買う」⇔「コール・オプションを売る」、「プット・オプションを買う」⇔「プット・オプションを売る」の合計4パターンの取引が存在する。また、オプションの**買手**は権利を得る対価として、売手に対して**プレミアム**と呼ばれるオプション料を**支払う**。

　**売手**はプレミアムを受け取る代わりに、権利行使に応じる**義務**がある。逆に、オプションの買手には選択権があり、権利を行使せず破棄することもできる。

　つまり、オプションの買手は、権利行使をして権利行使価格で原資産を取得（購入）することもできるが、原資産の市場の価格が下がってしまっている場合は、わざわざ高い値段で取得する必要はないので、権利行使をせずに権利放棄をすることができる。その場合、払ったプレミアムの金額のみが買手の損失になる。

　一方、オプションの売手は、買手より必ずプレミアムを受け取れるが、プレミアム以外の利益を受け取ることはできないうえに、損失は膨大になる可能性もある〔図表6－7〕。

　なお、権利行使価格と原資産価格との関係は、〔図表6－8〕のとおりである。

## (2) オプション損益の具体例

　原資産価格が権利行使価格を上回った場合と下回った場合のコール・オプション、プット・オプションの損益を個別株オプションの具体例で説明する。

### ① コール・オプションの場合

　「A社株式を1,000円で買う権利」をオプション料50円（プレミアム）で売買する。コール・オプションの買手は、A社株価が1,000円よりも上がると権利行使（安く買えるから）し、1,000円よりも下がれば権利放棄（高く買ってしまうから）する。コール・オプションの売手は、A社の株価が1,000円よりも上がった場合でも、買手の権利行使価格である1,000円で売る義務がある。

### ② プット・オプションの場合

　「B社株式を1,000円で売る権利」を50円で売買する。プット・オプションの買手は、B社株価が1,000円よりも上がると権利放棄（売らないで持っているほうがよいから）し、1,000円よりも下がると権利行使（売れば得をするから）する。プット・オプションの売手は、B社の株価が1,000円よりも下がった場合でも、買手の権利行使価格である1,000円で買う義務がある。

　コール・オプションおよびプット・オプションの損益線は〔図表6－9〕からわかるとおり、コール・オプションもプット・オプションも買手であれば、プレミアム（オプション料）さえ支払えば損失をプレミアムに限定しつつ利益を追求できる。

### 〔図表6－7〕オプションの損益

|  | 利益 | 損失 |
|---|---|---|
| 買手 | 原資産価格の動き次第で無限定 | 当初支払ったプレミアムに限定 |
| 売手 | 当初受け取ったプレミアムに限定 | 原資産価格の動き次第で無限定 |

### 〔図表6－8〕権利行使価格と原資産価格との関係

|  | コール | プット |
|---|---|---|
| ITM（イン・ザ・マネー） | 原資産価格＞権利行使価格 | 原資産価格＜権利行使価格 |
| ATM（アット・ザ・マネー） | 原資産価格＝権利行使価格 | 原資産価格＝権利行使価格 |
| OTM（アウト・オブ・ザ・マネー） | 原資産価格＜権利行使価格 | 原資産価格＞権利行使価格 |

第6章

〔図表7−9〕オプションの損益線

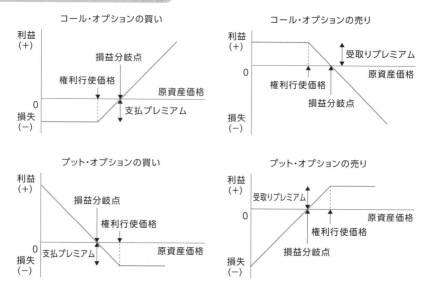

　他方、どちらの取引でも**売手**にとっては、利益は受け取るプレミアムに限定される一方、**損失は膨大**になる可能性がある。特にコール・オプションの売手は価格に上限がない以上、損失が非常に大きくなる可能性がある。

　プット・オプションの損益線は、原資産価格がゼロを超えてマイナスにならないことから（ただし、金利を原資産とする場合はマイナスになることもあり得る）、売手の損失や買手の利益には明確な限定がある点でコール・オプションとは相違する。

## (3) オプションのポジションと種類

　同じ数量、同じ限月、同じ権利行使価格のコールの買いとプットの売りを組み合わせると、先物取引の買い付けと同じポジションが合成される。また、同じ数量、同じ限月、同じ権利行使価格のコールの売りとプットの買いを組み合わせると、先物の売り付けと同じポジションが合成される。

　コール・オプションの買い（または売り）とプット・オプションの売り（または買い）を組み合わせ、プレミアムの受け払いがない（差引ゼロになる）場合は、**ゼロ・コスト・オプション**という。

　また、満期日以前にいつでも権利行使できるものを**アメリカン・タイプ**（国債（JGB）

先物オプションなど）、満期日のみに権利行使できるものを**ヨーロピアン・タイプ**（日経225オプションなど）という。

# ② オプションの価格形成

オプション・プレミアムはどのような要因で変化するか、コール・オプションとプット・オプションを比較しながら見ていく〔図表6－10〕。

## ① プレミアムと原資産価格の関係

コール・オプションの場合は、原資産価格が上昇すれば、権利行使価格を超える可能性が高くなるためプレミアムは高くなる。逆にプット・オプションの場合は、権利行使価格を下回る可能性が低くなるのでプレミアムは低くなる。

## ② プレミアムと権利行使価格の関係

原資産価格に対して高い権利行使価格のコール・オプションの場合、原資産価格が権利行使価格を超える可能性は低いため、プレミアムは低いが、プット・オプションの場合、原資産価格が権利行使価格を下回る可能性が高い状態になっているため、プレミアムは高くなる。

## ③ プレミアムと満期までの残存期間の関係

満期までの残存期間に対しては、コール・オプションもプット・オプションも残存期間が長くなるほど時間価値（プレミアムから本質的価値を差し引いたもの）が大きいのでプレミアムは高くなり、残存期間が短くなるほどプレミアムは低くなる。

〔図表6－10〕 オプション・プレミアムの決定要因

| 決定要因 | 変化 | コール | プット |
|---|---|---|---|
| 原資産価格 | 上昇 | 上昇 | 下落 |
| | 下落 | 下落 | 上昇 |
| 権利行使価格 | 高い | 低い | 高い |
| | 低い | 高い | 低い |
| 残存期間 | 長い | 高い | 高い |
| | 短い | 低い | 低い |
| ボラティリティ | 上昇 | 上昇 | 上昇 |
| | 低下 | 下落 | 下落 |

第6章

**151**

#### ④ プレミアムとボラティリティの関係

ボラティリティ（変動のしやすさで、市場のオプション取引から観察される）に関しては、コール・オプションもプット・オプションもボラティリティが**上昇**すれば原資産価格の価格変動性が高まり、利益を得る機会が多くなるので、プレミアムは**上昇**する。逆に、ボラティリティが**低下**すれば、機会が少なくなるのでプレミアムは**下落**する。

## ❸ 日本の主なオプション取引

オプション取引は原資産の種類によって、株式関連オプション、債券オプション、金利オプション、通貨オプションなどに分類できる〔図表6－11〕〔図表6－12〕。

〔図表6－11〕主なオプション取引の原資産別の分類

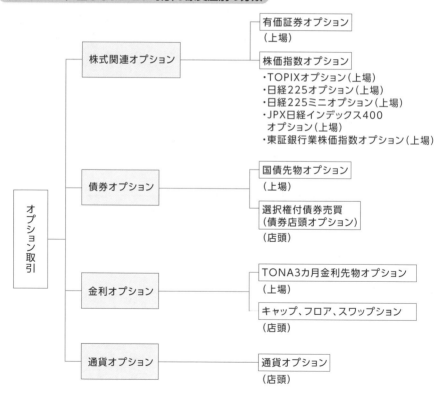

〔図表6－12〕代表的な上場オプション

| 種　類 | 国　債 | 株価指数 | | 短期金利 |
|---|---|---|---|---|
| 取引所 | 大阪取引所 | | | |
| 取引対象 | 長期国債先物<br>（10年もの） | 日経平均 | 東証株価指数<br>（TOPIX） | TONA 3 カ月<br>金利先物 |
| 取引最終日 | 各限月の前月の<br>末日 | 各限月の<br>第 2 金曜日の前日 [※] | | 各限月の 3 カ月後の<br>第 3 水曜日の前営業日 |

（※）日経225ミニオプションの週次設定限月取引の取引最終日は、各週の金曜日の前営業日。

## （1）金利オプション

　金利オプションとは、金利に対するオプションで、将来のある一定の金利で取引を行う「権利」を売買する取引をいう。取引所に上場している TONA 3 カ月金利先物オプションと、キャップ、フロア等の店頭オプションの 2 種類がある。プレミアムの受け払いは通常オプション締結時に行うが、対象となる商品が金利であるためにプレミアム分を金利に織り込んで受け払いする商品も出ている。

### ① TONA 3 カ月金利先物オプション取引

　TONA 3 カ月金利先物オプションとは、日銀が公表する無担保コールオーバーナイトレート（TONA）を原資産とする 3 カ月間日次複利の先物の売り付けや買い付けの取引を成立させることができる権利で、その権利を売買するのが同取引である。なお、ユーロ円 3 カ月金利先物オプションおよびユーロ円 3 カ月金利先物は、2023年 3 月から取引が停止された。

### ② キャップ取引

　キャップとは上限金利という意味で、もし市場の実勢金利が契約したキャップ金利（ストライクレート、ストライク）を超えた場合に、キャップの買手は売手から超えた部分の金利差を受け取ることができる取引である。キャップの買手が変動金利で借入れをしていたとすると、売手にプレミアム（キャップ料）を支払うことで金利上昇リスクのヘッジができるとともに、金利低下時の借入金利の低下メリットも受けられる。

### ③ フロア取引

　フロアとは下限金利という意味で、短期変動金利に下限を設定する取引がフロア取引である。つまり、フロア取引とは基準となる短期変動金利が、フロア金利（ストライクレート、ストライク）を下回った場合に、フロアの買手は売手から下回った部分の金利差を受

第6章

け取ることができる取引で、**金利低下リスクのヘッジ**ができる。フロアの買手はプレミアム（フロア料）を売手に支払わなければならない。

### ④ カラー取引

**キャップの買い**（または売り）と**フロアの売り**（または買い）を組み合わせた取引である。対象とする変動金利がカラーを**超えて**変動した場合、カラーの各売手は買手に対して超過変動分の金利を支払うことを内容とする契約である。カラーの買手は売手に対してプレミアムを支払う。たとえばローンの借手がキャップの買いとフロアの売りを組み合わせることで、**上限金利**と**下限金利**が同時に設定される。変動金利の上昇リスクをキャップでヘッジしたい変動金利ローンの借手（キャップの買い、フロアの売手）は一定以上の金利低下メリットを放棄する代わりに、フロアのプレミアムを受け取ることで支払うキャップのプレミアムを少なくすることができる。

### ⑤ スワップション

スワップションは、ある条件のスワップ取引を将来始める権利を売買するオプション取引で、この場合、原資産が先スタートのスワップ取引（フォワードスワップ<sup>(注)</sup>）になる。たとえば、変動金利で借り入れている企業が先行きの金利が不透明なときに、固定金利を支払い、変動金利を受け取ることのできるスワップションを買うことで、金利が上昇すればこれをヘッジする金利スワップを実行でき、金利が先行き上がらなければ、金利スワップを開始するオプションの権利行使をせずに、変動金利のままにする。

スワップションは先スタートのスワップ取引により2種類に分類される。スワップションの買手が固定金利を**支払い**、変動金利を受け取る、先スタートスワップ取引を始めることができるものを**ペイヤーズスワップション**といい、金利上昇局面で金利スワップを実行できるため、金利上昇に対するヘッジとなる。スワップションの買手が固定金利を**受け取り**変動金利を支払う、先スタートスワップ取引を始めることができるものを**レシーバーズスワップション**といい、金利低下に対するヘッジとなる。買手が固定金利を支払う（PAY）のか受け取る（RECEIVE）のかにより区別するためのネーミングである。

**注** フォワードスワップとは、契約時点（正確には2営業日後）からスタートするのではなく、1年後スタート3年（1年後に金利計算開始日が始まる期間3年）や2年後スタート2年（2年後に金利計算開始日が始まる期間2年）などの金利スワップをいう。

## (2) 通貨オプション

ドルなどの通貨を一定期間内あるいは一定期日に、一定のレートで買える権利あるいは売れる権利を売買する取引のことである。つまり、為替取引にオプション機能がついた取

引である。

　たとえば、現在1ドル120円の為替相場が、近い将来110円くらいの**円高ドル安**になる見通しがある場合に、これをヘッジするため単に先物（為替予約）でドルを売るのではなく、円安になる可能性も考慮して**ドル・プット／円・コールオプション**を買う戦略である。この戦略は、輸出企業によくみられる。反対に、**円安ドル高**になる見通しがある場合に輸入企業でよくみられるのは円安リスクヘッジの先物（為替予約）のドル買いや**円・プット／ドル・コールオプション**を買う戦略である。

## 実務上のポイント

- オプション取引は、将来のあらかじめ定められた期日（満期日）に、特定の商品（原資産）を現時点で取り決めた価格（権利行使価格）で買う権利または売る権利を売買する取引である。
- オプションの買手は、権利行使するか権利放棄するかを自由に選択できるが、売手は買手の権利行使に従う義務を負う。
- オプション取引において、買手の損失は支払ったプレミアムに限定される（利益はプレミアムに限定されない）が、売手の利益は受け取ったプレミアムに限定される（損失はプレミアムに限定されない）。
- コール・オプションは、原資産価格が上昇すれば、権利行使価格を超える可能性が高くなるためプレミアムは高くなる。逆にプット・オプションの場合は、権利行使価格を下回る可能性が低くなるのでプレミアムは低くなる。
- コール・オプションもプット・オプションも残存期間が長くなるほど時間価値が大きいのでプレミアムは高くなり、残存期間が短くなるほどプレミアムは低くなる。
- コール・オプションもプット・オプションもボラティリティが上昇すれば原資産価格の価格変動性が高まり、利益を得る機会が多くなるので、プレミアムは上昇する。逆に、ボラティリティが低下すれば、機会が少なくなるのでプレミアムは下落する。

## 第4節

# スワップ取引

## ❶ スワップ取引の概要

　スワップ取引とは「将来の一定期間に起こる経済価値が等価であると考えられる**2つの**
**キャッシュフロー**（金融取引から発生する現在および将来における現金の受け払いのこ
と）を相対する当事者間で**合意した条件**のもとで支払・受取りをお互いに行う取引」と定
義され、店頭取引により行われる。

　代表的なものとしては、金利スワップと通貨スワップがあり、すべてのキャッシュフロ
ーが単一の通貨で受け払いされるスワップを、広義における金利スワップと呼び、キャッ
シュフローに複数の通貨が登場する場合は広義における通貨スワップと呼ぶ。

## ❷ 金利スワップ

### （1）金利スワップとは

　金利スワップとは、**同一通貨間の異なる種類の金利**の将来におけるキャッシュフローを
交換する取引である。この取引は、**元本の交換はなく**金利計算の際に名目上の元本（想定
元本）が契約される。つまり、基本的には固定利付債の固定金利部分と、変動利付債の変
動金利部分とが切り離されて相互に交換される。

　円金利同士の交換であれば円円スワップとも呼ばれ、この円円スワップには〔図表6－
13〕のように2通りの取引がある。

　金利スワップの利用方法のポピュラーな利用例として、金利上昇リスクの回避がある。

　企業の主な資金調達方法に TORF や TONA などの RFR（リスク・フリー・レート）、
TIBOR ベースでの借入れがあるが、これらは短期の変動金利なので金利更改時に調達金

〔図表6－13〕 金利スワップの2つのパターン

① 固定金利を支払い、変動金利を受け取る　　② 固定金利を受け取り、変動金利を支払う

〔図表6－14〕 金利スワップの取引例

利が上昇する可能性がある。そこで、このようなときには〔図表6－13〕の①で示される金利スワップを利用する。

　つまり、景気動向などから判断して、近々に**金利上昇**の可能性が高いと**予想**した場合に短期金利（変動金利）による資金調達を継続しながら、同時に**金利スワップ**取引を行うことで**短期**の**変動金利**を**長期**の**固定金利**に交換でき、将来の**金利上昇**に備えられる。

　また、たとえば、〔図表6－14〕のように、制度融資など低利の長期固定金利融資によりA社が資金調達可能な場合などにスワップ取引を通じて、低利固定金利を変動金利RFR±αに変えることができる。せっかくの低利固定金利を変動金利化することで金利上昇リスクにさらされることになるようにみえるが、金利が低下する、または上昇しない見通しを持つ場合には有効な手段であり、また、変動金利RFRは銀行の調達コストであるので、低利固定金利がRERに相当するスワップ固定金利よりも低い場合は、銀行の調達コストを下回る資金調達ができることになる。

## (2) 金利スワップの具体例

　「A社は変動金利の借入れを固定化するため、金利スワップを用いた」これは、典型的な金利スワップの利用方法である。期間を5年、スワップ金利の条件が6カ月の市場性短期金利に対して年利1％であったとする。A社の借入条件が、6カ月の市場性短期金利に0.5％を上乗せしたものだったとすると、A社はこのスワップを実行することによって、今後5年間の調達コスト（金利支払コスト）を1.5％に固定したことになる。つまり、今後短期金利が上昇したとしても、A社は金利スワップを締結しているため、短期金利の動向に関係なく、1.5％の利払いで済む。

## (3) LIBOR 公表停止について

　2012年夏以降発覚した欧米銀行による LIBOR 不正操作を契機にして、2021年末以降、円などの LIBOR が公表されなくなった（米ドル LIBOR については2023年6月末に公表停止）。変動金利として LIBOR を利用していた金利スワップなどのデリバティブ取引や融資などへの影響は多大で、代替金利指標（または後継金利、フォールバック・レート）として日本では、ターム物リスクフリー・レート（TORF：日本円の翌日物金利スワップ（OIS）取引の市場データに基づいて算出される）や O／N RFR（TONA：無担保コールオーバーナイト・リスクフリー・レート）複利（後決め）が日銀が事務局を務める「日本円金利指標に関する検討委員会」から推奨され、現在利用されている。

# ❸ 通貨スワップ

　通貨スワップとは、**異種通貨間の異なる種類の金利**の将来におけるキャッシュフローを交換する取引である。この取引の場合、金利スワップとは異なり、通常は**元本の交換があり**、金利計算の際、2つの通貨ごとに元本（この場合も想定元本と呼ぶ）が用いられる。

　通貨スワップは、金利スワップと同様に、現在価値の等しいキャッシュフローの交換であるが、スワップ開始時と満期日に実際に元本の交換が行われること、2通貨分の金利変

〔図表6−15〕通貨スワップの取引例

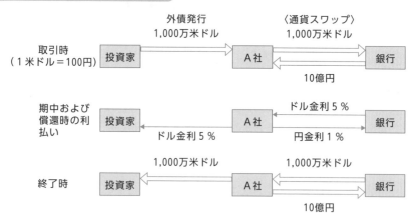

動リスクと為替リスクがあるという点で金利スワップとは相違する。

通貨スワップは、外債発行に際して利用されるケースが多い〔図表6－15〕。

ここでは、外債の発行体であるA社は、1,000万米ドルの米ドル債を発行した。A社はもともと円の資金を必要としていたので、調達した米ドルを円に転換する必要がある。

そこで、A社は銀行と通貨スワップの契約をした。通貨スワップにより、A社は取引時に銀行に1,000万米ドルを支払い、その代わりに、そのときの為替レートが100円であったので10億円受け取る。途中での金利受け払いでは、年に5％のドル金利を受け取り、年1％の円金利を支払う。そして、終了時には、1,000万米ドルを受け取り、10億円支払ってスワップ契約は完了する。なお、為替レートや金利条件は取引時の市場情勢による。

A社は、利払いについては銀行から受け取るドル金利をそのまま外債のクーポン支払に充てて、終了時に受け取る1,000万米ドルを外債の償還金に充てれば、結局のところ、米ドル債による資金調達が実質的に円建て債券を発行したのと同じことになり、為替リスクの回避が可能となる。

また、通貨スワップは資金調達だけでなく、外国債券投資をするときに、円ベースでの運用利回りを確定する場合などにも使われることがある。

なお、通貨スワップでも、元本交換をせず異なる通貨の金利部分の交換のみを行う取引を**クーポンスワップ**と呼び、中長期の為替予約の代替取引や「元本が円、クーポンが外貨」というリバースデュアル債（仕組債）などの円ヘッジに利用されている。

第6章

## 実務上のポイント

- 金利スワップは、同種通貨異種金利を交換する手法で、元本部分の交換は行われず、金利部分の交換のみが行われる。金利スワップを利用することにより、金利変動リスクを回避したり、有利な資金調達の交換を行うことが可能となる。
- 通貨スワップは、異種通貨の元本部分の交換が行われることもあり、為替変動リスクをヘッジできる。

## 第5節 その他のデリバティブ取引

### ❶ デリバティブを利用した商品

#### （1）バリアオプション

　バリアオプションとは、ある一定期間内に、原資産の価格がある水準に達することでオプション権利の発生または消滅が決まるオプションである。バリアオプションには、ノックイン・オプションやノックアウト・オプション等があり、いずれも権利消滅の条件が付加されているため通常のオプションよりはプレミアムが**安い**。また、ノックイン・オプションとノックアウト・オプション双方を使った商品もある。

#### ① ノックイン・オプション

　あるバリア価格を設定し、原資産価格が満期までの間にその価格に**達しない**場合にはオプションが発生しない、つまりオプションが**無効**になってしまうタイプである。

#### ② ノックアウト・オプション

　原資産価格が満期までの間にバリア価格に達しなければオプションは有効であるが、バリア価格に**達する**とオプションが**無効**になってしまうタイプである。

#### （2）クレジットデリバティブ等

　クレジットデリバティブは、信用リスクのヘッジまたはリスクを取る手段として開発された商品である。

　このデリバティブは、国や事業会社の発行する債券やローンを対象にしたものや複数銘柄のインデックスのある金融派生商品で、実際に資産を保有することなく信用リスクを取ることや、債務者に知られることなく信用リスクのヘッジを可能にする商品である。

　特に、**クレジット・デフォルト・スワップ**（CDS）（デフォルトプロテクション、デフォルトプットともいう）は、クレジットデリバティブの中でも最もポピュラーなもので、

銀行によるリスクヘッジや証券化商品に用いられている。

　CDSの買手は一定の契約料を支払い、対象となる企業が破綻し債務不履行となった場合、市場で決定される清算価格を元本から差引いた金額の支払を受け取るという仕組みとなっている。

　その他にも、インフレリスクをヘッジするインフレスワップなどさまざまなデリバティブ商品も登場している。

## (3) 天候デリバティブ

　天候デリバティブは、異常気象などで企業の売上高や利益が変動するリスクを回避する目的で開発された商品で、気温や降水量といったさまざまな気象条件を取引の対象とした金融商品である。損害保険では損失がないと補償金が払われないのに対し、天候デリバティブでは、**実際の損失が生じていなくても**、一定の条件を満たせば、補償金が**支払われる**のが特徴である。

# 2 デリバティブ取引のメリットとリスク

　デリバティブ取引のメリットとしては、以下の点が挙げられる。

### ① 取引の多様化

　たとえば、為替相場において、ドルの上昇メリットを享受する一方でドルの下落リスクを回避することや、債券相場において将来の金利を確定することなど、デリバティブの導入によって可能となった。

### ② リスク・ヘッジ機能

　金融リスクを軽減させる手段としてデリバティブは有益である。たとえば将来の金利の上昇リスク回避には、短期では金利先物の売り、中長期では金利スワップによる金利固定化やキャップの買いなどが利用される。

### ③ レバレッジ効果

　デリバティブ取引において、満期よりも前に必要とされる金額は、たとえばオプションの買いであればオプション料、先物であれば証拠金のみで、これらは元本と比較すればごくわずかである。この結果、デリバティブ取引で得られる損益は、必要な元手と比較して大きなものとなる〔図表6−16〕。

第6章

〔図表6−16〕 レバレッジ効果

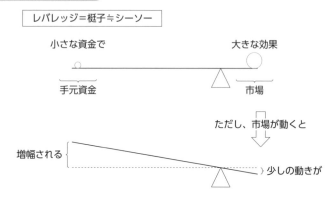

#### ④ 流動性の向上

　従来の現物取引にデリバティブ取引が加わることによって、市場間相互に裁定が働くようになる。裁定とは、異なる市場が相互に影響しあって、相場や価格がほぼ同じレベルに均衡することを意味する。

　したがって、現物市場に流動性不足などの問題が生じたときにも、デリバティブ市場が現物市場の代替市場として働くことにより、両市場間において相互補完作用が生じることになる。このようにデリバティブ取引は、現物取引を含めた金融市場全体の規模の拡大や流動性の増加に貢献する。

　一方、デリバティブには、一般の金融商品と同様に、信用リスク、市場リスク、流動性リスクがある。さらに、内部管理システムが不適切なことに伴うリスク、人為的リスクであるオペレーショナルリスク、リーガルリスク、有力金融機関の倒産や流動性リスク等により金融システムを不安定にするシステミックリスク等がある。

# 第 7 章

# 資産形成

# 第1節

# 個人年金保険

第7章では資産形成に資する商品等を学ぶ。

個人年金保険は、生存を条件（保険事故）として支払われる保険で、老後の生活資金を準備するための保険である。保険料払込期間に積み立ててきた責任準備金と積立配当金からなる年金原資を元に、年金受取開始期から、所定の年金額を年金受取期間に受け取る。

## ❶ 受取期間による分類

年金受取開始期から一定期間内に被保険者が生存している限り年金が支払われるものを**有期年金保険**、終身にわたって年金が支払われるものを**終身年金保険**という。有期年金保険も終身年金保険も被保険者が死亡したらそれ以降の年金は受け取れない。

これらの有期年金保険、終身年金保険に対し、年金受取開始期以降、死亡しても一定期間は年金が支払われるように保証期間を定めている年金が、**保証期間付有期年金保険**、**保証期間付終身年金保険**であり、契約時に定めた年金支払期間中は被保険者の生死にかかわらず全期間年金が支払われるものを確定年金という〔図表7-1〕。

## ❷ 定額（個人）年金保険

定額（個人）年金保険の基本的な仕組みは以下のとおりである。

① 責任準備金を財源に支払う年金を**基本年金**（契約年金）という。この基本年金は契約時にあらかじめ定めた年金額で、基本年金額が一定のものを定額型、毎年あるいは数年ごとに一定割合で増加するものを逓増型という。逓増型は物価上昇による年金額の目減りを補う効果がある。年金支払開始時の年金額が同じである場合、定額型より逓増型のほうが保険料は高くなる。一方、保険料払込期間の積立配当金を財源に支払う年金を増

**〔図表7-1〕個人年金保険の種類**

| | 有期年金 | 確定年金 | 終身年金 | 保証期間付終身年金 |
|---|---|---|---|---|
| 年金支払開始後の年金受取期間 | 10、15年など | 5、10、15年や80歳までなど | 終身 | 終身 |
| 年金受給のための被保険者の条件（保険事故） | 10、15年など一定期間内に生きているとき | 5、10、15年や80歳までなど一定期間、生死に関係なく | 生きているとき | 保証期間内は生死に関係なく、保証期間経過後は生きているとき |
| 年金受取期間中に被保険者が死亡したとき | 死亡後は年金も、そのほかの給付もない。なお、保証期間付有期年金の場合、保証期間内に死亡したときは、保証期間満了までは年金が支払われる。 | 引き続き年金が支払われる（残存期間の年金原資を一括して受け取ることもできる）。 | 死亡後は年金も、そのほかの給付もない。 | 保証期間内に死亡したときは、保証期間満了まで年金が支払われる。保証期間経過後に死亡したときは年金も、そのほかの給付もない。 |

額年金、年金支払開始後の配当金を財源とする年金を**増加年金**という〔図表7-2〕。

② 保険料は、保険料払込期間に、月払い、半年払い（年2回払い）、年払い（年1回払い）で払い込む。終身年金の場合、契約内容が同一であれば、保険料は男性より女性のほうが高くなる。

③ 保険料の払込満了から年金受取開始までの**据置期間は、長いほうが**受け取る年金額が**多くなる**。

④ 年金受取開始前に被保険者が死亡したときは、**既払込保険料相当額の死亡給付金が支払われる**。

# ③ 変額（個人）年金保険

変額（個人）年金保険は、積立金を特別勘定で積極的に運用し、運用実績により将来受け取る年金額や解約返戻金額が変動するもので、投資リスクは契約者が負う。その運用実績を原則、毎日、積立金に反映する仕組みとなっている。

変額（個人）年金保険の基本的な仕組みは以下のとおりである〔図表7-3〕。

〔図表7－2〕定額年金保険

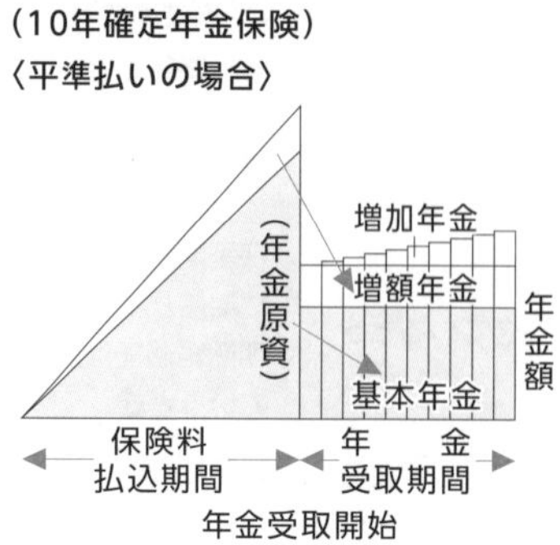

（10年確定年金保険）
〈平準払いの場合〉

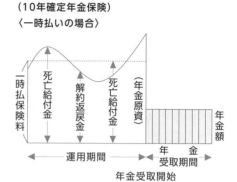

〔図表7－3〕変額年金保険

（10年確定年金保険）
〈一時払いの場合〉

① 特別勘定が複数ある場合、いずれで運用するかは契約者が自分で選択でき、途中で積立金を他の特別勘定に移転（スイッチング）することもできる。したがって、運用実績により解約返戻金、年金原資、死亡給付金が変動する。死亡給付金は、**基本保険金額が最低保証されている**。また、年金原資や年金受取総額に最低保証が付いているものもある。

② 保険料の支払は一時払いがほとんどだが、月払い、半年払い（年2回払い）、年払い（年1回払い）もあり、これらの平準払いであれば時間的分散のドルコスト平均法の成果を期待できる。一時払いの場合、ポートフォリオの組み方にリスク分散を考慮する必要がある。

③ 運用時は手数料として運用・保険関係費用がかかる。

④ 運用期間中・保険料払込期間中（年金支払開始前）に被保険者が死亡したときは、死亡日の積立金額（時価）または払込保険料総額（最低保証額）のいずれか大きい金額を死亡給付金として支払うものが一般的である。運用期間中・保険料払込期間中（年金支払開始前）に一定の障害状態になったときは保険料払込免除が適用されるものもある。

⑤ 解約すると、運用実績によって、解約返戻金が払込保険料より多くまたは少なくもなることがある。また、投資信託のクローズド期間に相当するものはないが、契約後、長期間にわたりペナルティとして解約手数料が課せられる。解約返戻金の一定割合内であれば融資が受けられる契約者貸付制度があるものが多い。

⑥ 年金支払開始時までは特別勘定で運用され、年金受取期間は一般勘定で運用する定額年金保険に変更するのが一般的であるが、年金受取期間中も特別勘定で運用するものも

ある。また、年金は保証期間付終身年金、確定年金などで受け取ることもできる。

⑦　保険料払込時は一般の生命保険料控除の対象（**個人年金保険料控除の対象にはならない**）、運用時は課税されずに運用益課税の繰延べの対象になる。

## ❹ その他の個人年金保険

　低金利を背景に、個人年金保険においても外貨建ての保険や市場価格調整（MVA）機能付きの商品が多くなっている。

　また、最近では、生存保障を重視してトンチン性を高めた長寿生存年金保険が登場している。この保険は、死亡保障や中途解約時の解約返戻金を低くする代わりに、生存保障を重視することで長生きするほど受取総額が多くなる保険である。この保険の場合、被保険者が**年金支払開始前に死亡**すると、一般的に、死亡に係る一時金の額が**既払込保険料相当額を下回る**。

第7章

第**2**節

# 小規模企業共済制度

　小規模企業共済は、小規模企業共済法に基づき1965年（昭和40年）に発足した制度で、いわば「事業主の退職金制度」といえるものである。小規模企業の個人事業主が事業を廃業した場合や、会社等の役員が退任した場合などに、その後の生活の安定や事業の再建などを図るために、小規模企業者が相互扶助の精神に基づき、掛金を拠出する共済制度である。

## ❶ 加入対象

加入資格は以下のとおりである。

- a．建設業、製造業、運輸業、サービス業（宿泊業・娯楽業に限る）、不動産業、農業などを営む場合は、常時使用する従業員の数が20人以下の個人事業主または会社の役員
- b．商業（卸売業・小売業）、サービス業（宿泊業・娯楽業を除く）を営む場合は、常時使用する従業員の数が**5人以下**の個人事業主または会社の役員
- c．事業に従事する組合員の数が20人以下の企業組合の役員や常時使用する従業員の数が20人以下の協業組合の役員
- d．常時使用する従業員の数が20人以下であって、農業の経営を主として行っている農事組合法人の役員
- e．常時使用する従業員の数が5人以下の弁護士法人、税理士法人等の士業法人の社員
- f．上記a．b．に該当する個人事業主が営む事業の経営に携わる**共同経営者**（個人事業主1人につき2人まで）。

　この制度への加入申込先は、商工会議所、商工会連合会、市町村の商工会、中小企業団体中央会、青色申告会あるいは金融機関の本支店など、中小企業基盤整備機構の業務を取り扱っているところである。

## ② 掛金

　毎月の掛金は、**1,000円**から**7万円**までの範囲内で、**500円刻みで選択**することができ、理由を問わず加入後に、**増額や減額**をすることができる。なお、掛金は契約の締結から退職まで続けて納付することが必要だが、所得がない場合や災害に遭遇した場合等、納付が著しく困難な場合は6カ月または12カ月間は掛金の払込みを止めることができる。

　掛金は、**月払い**のほかに、**半年払いや年払い**から選択し、前納することができ、全額が小規模企業共済等掛金控除として所得金額から控除できる（**事業所得の計算上の必要経費とはならない**）。なお、**掛金を前納した場合、前納減額金を加入者が受け取ることができる**。前納減額金の額は、前納月数1カ月当たり1,000分の0.9に相当する額であり、前納減額金は毎年3月末時点の前納状況で計算し、合計額が5,000円以上になった場合に、その年の6月に支払われる。

## ③ 共済金等

　共済金等は、支給事由と掛金納付月数の要件を満たした場合に支給される。掛金納付月数が同じでも共済事由により共済金の額は異なる（共済金A ＞ 共済金B ＞ 準共済金 ＞ 解約手当金）。

　「A共済事由」では「共済金A」、「B共済事由」では「共済金B」、「準共済事由」では「準共済金」、「解約事由」では「解約手当金」となる。

　各種事由の主なものとして、「**A共済事由**」には個人事業の廃止や**死亡**、個人事業の**配偶者または子に事業の全部を譲渡**、会社等の解散などが該当し、「B共済事由」には**65歳以上で180月以上掛金を納付したことによる老齢給付**、会社等役員の死亡などが該当し、「準共済事由」には法人成りしその会社の役員に就任しなかった場合や役員に就任したが小規模企業者でなくなった場合、会社等役員の退任（疾病・負傷・65歳以上・死亡・解散を除く）などが該当し、「解約事由」には任意解約、12カ月以上の掛金滞納による中小機構による共済契約の解除などが該当する。

　共済金の支給額は、掛金月額、掛金納付月数、共済事由ごとにあらかじめ定められた「基本共済金」と、共済資産運用収入等により毎年度算定される「付加共済金」との合計額となる。

　共済金A・Bは掛金納付月数が6カ月以上、準共済金・解約手当金では掛金納付月数が12カ月以上の場合に支給され、当該月数に満たない場合は掛捨てとなる。共済金等の額は掛金納付月数に応じて政令で定められた額である。解約手当金は、掛金納付月数に応じて、掛金額の80％～120％相当額となり、掛金納付月数が240月（20年）未満のときは掛金合計額を下回る。

　共済金（A、B）は、一括受取りに加え、分割受取り、一括受取りと分割受取りの併用により受け取ることもできる。分割受取りを選択できるのは、共済金等の額が300万円以上（一括受取りと分割受取りの併用の場合は、共済金等の額が330万円以上で、分割で受け取る共済金の額が300万円以上、一括で受け取る共済金の額が30万円以上であること）で、請求事由が発生した時点で満60歳以上である場合に限られる。分割共済金は10年間または15年間にわたって年6回の奇数月に分けて支払われる。

## ❹ 共済契約者貸付

　貸付には、一般貸付と一定の条件を満たした場合の特別貸付がある。一般貸付は、納付済掛金の合計額の7割から9割の範囲内と2,000万円のいずれか少ない額（償還されていない額を除く）の範囲内で10万円以上5万円の倍数となる。他の種類の貸付を合わせて2,000万円が上限となる。なお、貸付期間は、貸付金の額により異なるが貸付金の額が505万円以上の場合でも最長60月とされている。担保や保証人は不要である。

## ❺ 共済金等の税法上の取扱い

　共済金等は、税法上次のように取り扱われる。

| 共済金等 | 税法上の取扱い |
| --- | --- |
| 一括受取り共済金（死亡以外） | 退職所得 |
| 一括受取り共済金（死亡によるもの） | 死亡退職金（相続税の課税対象） |
| 分割共済金 | 公的年金等の雑所得 |
| 準共済金 | 退職所得 |

| 任意解約 | 一時所得（65歳以上の場合は退職所得） |
|---|---|
| 共同経営者の退任による解約 | |
| 中小機構による共済契約の解約 | 一時所得 |
| 法人成りに伴う解約手当金 | 退職所得 |

（※）一時所得扱いの解約手当金は、納付した掛金の総額は支出した金額として算入できない。

**第3節**

# 国民年金基金制度

　国民年金基金制度は自営業者の多様な老後のニーズに応えるとともに、被用者年金を受けられる者との年金格差の是正を目的とした、老齢基礎年金に上乗せする年金を支給する任意加入の制度である。

　国民年金基金には**全国国民年金基金**と**3つの職能型国民年金基金**がある。

## ❶ 加入員と加入方法

　国民年金基金に加入できるのは、20歳以上60歳未満の自営業者など**国民年金の第1号被保険者**および**任意加入被保険者**（国内に住所を有する**60歳以上65歳未満の者**および海外に居住する20歳以上65歳未満の者）で国民年金保険料を納付している者である。保険料が免除されている者や農業者年金に加入している者は加入できない。また、国民年金基金は国民年金の付加年金を代行しているため、国民年金基金に加入した者は、**付加保険料を別途納付することはできない**。

　国民年金基金への加入は任意であるが、**任意脱退は認められていない**。

　**加入資格を喪失するのは国民年金の第1号被保険者でなくなったときや国民年金の保険料を免除**されたとき、農業者年金の被保険者になったときなどである。

　国民年金基金への加入は口数制で、**1口目は終身年金**（A型とB型の2種類から選択）に必ず加入しなければならないが、2口目以降は**終身年金**のA型、B型および**確定年金**のⅠ型、Ⅱ型、Ⅲ型、Ⅳ型、Ⅴ型の7種類の中から自由に組み合わせることができる（ただし、終身年金の額が全体の半分以上であることが必要）〔図表7－4〕。

# ② 掛金と給付

　掛金は加入時の年齢、選択した年金の種類、性別によって異なり、**終身年金は女性のほうが掛金が高い**。加入時の年齢が若いほど低く、また、支給開始年齢、保証期間の有無や長さによっても異なる。

　掛金の上限は月額 **6万8,000円**で、**全額が社会保険料控除の対象**となる。ただし、確定拠出年金の個人型年金に加入している場合は、確定拠出年金で拠出している掛金の額を控除した額が上限となる。なお、4月から3月までの**1年分の掛金を前納すると、0.1カ月分の掛金が割引される**。

　国民年金基金の給付には、老齢年金と遺族一時金があり、障害に関する給付や脱退一時金はない。

　終身年金（A型、B型）は原則として65歳から支給される。なお、**老齢基礎年金の繰上げ支給を請求した場合は、国民年金基金から付加年金相当分の年金が減額されて繰上げ支給される**。なお、年金額が12万円未満のときは年1回、**12万円以上のときは年6回**（偶数月）支給される。

　遺族一時金は、保証期間付終身年金（A型）または確定年金に加入していた者が保証期間または確定期間の満了する前（年金受給前も含む）に死亡した場合には残存期間の年金原資相当額が支給される。保証期間がないB型の終身年金のみに加入していた者についても、年金受給前の死亡時に限り、1万円が支給される。遺族の範囲は、国民年金の死亡一時金が受けられる遺族と同様で死亡時に生計を同じくしていた配偶者、子、父母、孫、祖父母、兄弟姉妹である。

　なお、老齢年金については公的年金等控除の対象となり、遺族一時金は非課税となっており、公的年金並みの税制優遇措置がある。

第7章

## 〔図表7-4〕国民年金基金の年金給付

〈1口目〉
◎終身年金A型、B型の2種類のなかから加入員が選択する

◎保証期間のあるA型は、年金受給前または保証期間中に死亡した場合、遺族に一時金が支給される。
◎50歳未満の者が誕生月以外の月に加入した場合は、加入の翌月から次年齢に達するまでの月数に応じた加算額が支給される。

〈2口目以降〉

◎2口目以降は、終身年金のA型、B型のほか、受給期間が定まっている確定年金のⅠ型、Ⅱ型、Ⅲ型、Ⅳ型、Ⅴ型から選択する。
◎1口目と同様にB型を除き、A型、Ⅰ型、Ⅱ型、Ⅲ型、Ⅳ型、Ⅴ型は、年金受給前または保証期間中に死亡した場合、遺族に一時金が支給される。
◎50歳未満の者が誕生月以外の月に加入した場合は、加入の翌月から次年齢に達するまでの月数に応じた加算額が支給される。
◎掛金上限の6万8,000円（1口目を含む）まで、7種類の給付の型を自由（※）に組み合わせられる。
（※）確定年金（Ⅰ型、Ⅱ型、Ⅲ型、Ⅳ型、Ⅴ型）の年金額が、終身年金（A型、B型）の年金額（1口目を含む）を超えないように選択。
●掛金の払込期間は、1口目と同様に加入から60歳到達前月まで（60歳以降に加入する場合は、65歳到達前月または、国民年金の任意加入被保険者資格の喪失予定月の前月まで）。

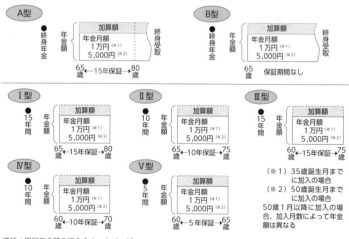

資料：国民年金基金連合会ホームページ

# 第4節

# NISA

## ❶ NISA 制度の改正

2023年度の税制改正により、新しい NISA 制度が創設されることとなった。新しい NISA 制度は2024年からのスタートとなり、2024年からは2023年以前の NISA 制度は新規で口座開設をすることができなくなる。

新しい NISA 制度は、2023年以前の NISA 制度と比べて年間投資枠の拡充、非課税保有期間の無期限化等の手当がなされ、継続的な資産形成に資する制度となった〔図表7－5〕。

〔図表7－5〕改正後の NISA 制度

| | つみたて投資枠 | 併用可 | 成長投資枠 |
|---|---|---|---|
| 年間投資枠 | 120万円 | | 240万円 |
| 非課税保有期間(注1) | 無期限化 | | 無期限化 |
| 非課税保有限度額(総枠)(注2) | 1,800万円<br>※簿価残高方式で管理（枠の再利用が可能） | | |
| | | | 1,200万円（内数） |
| 口座開設期間 | 恒久化 | | 恒久化 |
| 投資対象商品 | 積立・分散投資に適した一定の投資信託<br>（つみたて NISA 対象商品と同様） | | 上場株式・投資信託等(注3)<br>（①整理・監理銘柄②信託期間20年未満、高レバレッジ型及び毎月分配型の投資信託等を除外） |
| 対象年齢 | 18歳以上 | | 18歳以上 |
| 従前の制度との関係 | 2023年末までに従前の一般 NISA 及びつみたて NISA 制度において投資した商品は、新しい制度の外枠で、従前の制度における非課税措置を適用<br>※従前の制度から新しい制度へのロールオーバーは不可 | | |

(注1) 非課税保有期間の無期限化に伴い、従前のつみたて NISA と同様、定期的に利用者の住所等を確認し、制度の適正

な運用を担保

（注２）利用者それぞれの非課税保有限度額については、金融機関から一定のクラウドを利用して提供された情報を国税庁において管理

（注３）金融機関による「成長投資枠」を使った回転売買への勧誘行為に対し、金融庁が監督指針を改正し、法令に基づき監督及びモニタリングを実施

2023年末までにジュニアNISAにおいて投資した商品は、５年間の非課税期間が終了しても、所定の手続きを経ることで、18歳になるまでは非課税措置が受けられることとなっているが、今回、その手続きを省略することとし、利用者の利便性向上を手当て

出所：金融庁（一部改変）

## ② 2023年以前の NISA 制度

　2014年１月１日以後、非課税口座内の少額上場株式等に係る配当所得および譲渡所得等の非課税措置である少額投資非課税制度（NISA）が始まった〔図表７－６〕〔図表７－７〕。

　また、2015年度税制改正において、口座開設する年の１月１日において20歳未満（2023年からは18歳未満）の者を対象とした未成年者少額投資非課税制度（ジュニアNISA）が創設された〔図表７－８〕。

　ジュニアNISAは、未成年者口座に設けた非課税管理勘定および継続管理勘定において管理されている上場株式等の配当等およびその期間内に譲渡した上場株式等の譲渡所得等については非課税とされる。非課税管理勘定は、年間投資額80万円を上限に新たに取得した上場株式等および同一の未成年者口座の他の非課税管理勘定から移管される上場株式等を受け入れることができた。また、継続管理勘定は同一の未成年者口座の他の非課税管理勘定から移管される上場株式等を受け入れることができた。

### 〔図表７－６〕2023年以前の NISA の概要

1. 非課税対象　　　　：非課税口座内の少額上場株式等の配当等、譲渡益（公社債投資信託は対象外）
2. 開設者（対象者）　：口座開設の年の１月１日において満18歳以上の居住者等
3. 非課税投資額　　　：新規投資額で毎年120万円を上限（2015年分以前は100万円が上限。ただし、非課税期間終了時の時価の合計額が120万円超であっても、そのすべてを翌年の非課税枠に受入れ可）
4. 非課税投資総額　　：最大600万円
5. 口座開設期間　　　：2014年から2023年までの10年間
6. 非課税期間　　　　：最長５年間、途中売却は自由（ただし、売却部分の枠は再利用不可）
7. 金融商品取引業者　：年単位で変更可

**〔図表7−7〕2023年以前の NISA のイメージ**

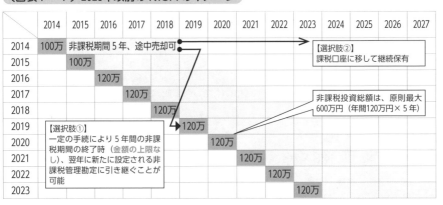

|  | 2014 | 2015 | 2016 | 2017 | 2018 | 2019 | 2020 | 2021 | 2022 | 2023 | 2024 | 2025 | 2026 | 2027 |
|---|---|---|---|---|---|---|---|---|---|---|---|---|---|---|
| 2014 | 100万 | 非課税期間5年、途中売却可 | | | | | | | | | | | | |
| 2015 | | 100万 | | | | | | | | | | | | |
| 2016 | | | 120万 | | | | | | | | | | | |
| 2017 | | | | 120万 | | | | | | | | | | |
| 2018 | | | | | 120万 | | | | | | | | | |
| 2019 | | | | | | 120万 | | | | | | | | |
| 2020 | | | | | | | 120万 | | | | | | | |
| 2021 | | | | | | | | 120万 | | | | | | |
| 2022 | | | | | | | | | 120万 | | | | | |
| 2023 | | | | | | | | | | 120万 | | | | |

【選択肢②】
課税口座に移して継続保有

非課税投資総額は、原則最大600万円（年間120万円×5年）

【選択肢①】
一定の手続により5年間の非課税期間の終了時（金額の上限なし）、翌年に新たに設定される非課税管理勘定に引き継ぐことが可能

**〔図表7−8〕ジュニア NISA の概要（2023年で廃止）**

1．非課税対象 ：非課税口座内の少額上場株式等の配当等、譲渡益
2．開設者（対象者）：口座開設の年の1月1日において未成年（0歳から17歳まで）の居住者等
3．運用管理 ：原則として、親権者等※が未成年者を代理して行う
4．非課税投資額 ：年間80万円を上限
5．非課税投資総額 ：最大400万円
6．口座開設期間 ：2016年から2023年まで
7．非課税期間 ：最長5年間、口座開設者が18歳になるまでは非課税での保有が可能（ただし、新規投資は不可）
8．払出制限 ：原則として、3月31日において18歳である年の前年の12月31日までは不可（払出しを行うと過去の利益に対して課税され口座は廃止される。ただし、災害等による場合は除く（2024年以降は災害等によらない場合でも非課税で払出しが可能）。また、配当金等や売却代金等を利用して、ジュニア NISA 口座での非課税枠の範囲内で新たな上場株式等を購入することは可能）
9．金融商品取引業者：（既存の口座を廃止しない限り）変更不可

※未成年者本人の法定代理人またはその法定代理人から書面による明確な委任を受けた未成年者本人の2親等以内の者

　さらに、2017年度税制改正により、非課税累積投資契約に係る非課税措置である少額投資非課税制度（つみたて NISA）が創設され、2018年1月より開始された〔図表7−9〕〔図表7−10〕。NISA 勘定とつみたて NISA 勘定は1年ごとに変更することができた（同一年においては NISA とつみたて NISA は併用不可）。

　なお、つみたて NISA 勘定で投資できる金融商品は、定期的に継続して取得することにより個人の財産形成が促進されるものとして、次の要件、かつ、内閣総理大臣が財務大臣と協議して定める要件を満たすものに限られた。

**〔図表7－9〕つみたて NISA の概要**

| | |
|---|---|
| 1．非課税対象 | ：積立・分散投資に適した一定の公募等株式投資信託の譲渡益、配当等 |
| 2．開設者（対象者） | ：口座開設の年の1月1日において満18歳以上の居住者等 |
| 3．非課税投資額 | ：毎年40万円 |
| 4．非課税投資総額 | ：最大800万円 |
| 5．口座開設期間 | ：2018年から2023年まで |
| 6．非課税期間 | ：最長20年間、途中売却は自由（ただし売却部分の枠再利用不可） |
| 7．金融商品取引業者 | ：年単位で変更可 |

**〔図表7－10〕つみたて NISA のイメージ**

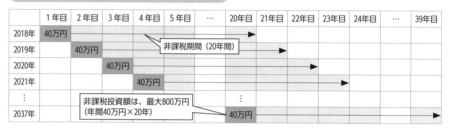

① 信託契約期間の定めのないことまたは20年以上の信託契約期間が定められていること

② 一定の場合を除き、デリバティブ取引に係る権利に対する投資として運用を行わないこととされていること

③ 収益の分配は、1カ月以下の期間ごとに行わないこととされており、かつ、信託の計算期間（外国投資信託である場合には、収益の分配に係る計算期間）ごとに行うこととされていること

また、2019年度税制改正により、NISA およびつみたて NISA 口座を開設している居住者等（国外転出をする場合の譲渡所得等の適用対象者を除く）が、一時的な出国により居住者等に該当しないこととなった場合、出国までに継続適用届出書を提出することにより、提出日の5年を経過する年の12月31日まで非課税口座を維持（新規投資は不可）することができることとなった。なお、帰国届出書を提出するまでは、新規で NISA 口座を利用することはできない。

NISA、ジュニア NISA、つみたて NISA の注意点として、各 NISA 口座で譲渡損が出た場合でも、一般口座や特定口座の譲渡益との損益通算はできない。

# 確定拠出年金

確定拠出年金は、事業主（企業）あるいは個人が拠出した掛金を個々人が自己責任で運用し、60歳以降にその運用結果に基づく給付を受け取る年金制度である。個人別管理資産の運用期間中に発生する利息や収益分配金等の運用収益が年金の給付時まで課税が繰延べされるなどの税制優遇措置が設けられている。確定拠出年金には、事業主が、企業年金として実施する企業型年金と、国民年金基金が個人の自助努力のために実施する個人型年金の 2 つがある。個人型年金は「iDeCo」の愛称で呼ばれている。

## ❶ 企業型年金（企業型 DC）

企業型年金は、企業が労使合意に基づいて、企業型年金の内容を規定した規約（「企業型年金規約」）を作成し、厚生労働大臣の承認を受けて実施されるものである。

### ① 加入対象者と拠出額

企業型年金を実施している事業所の第 1 号等厚生年金被保険者は加入者となる。つまり、70歳未満の者が対象となる。なお、第 1 号等厚生年金保険の被保険者とは、第 1 号厚生年金被保険者（民間会社の従業員）および第 4 号厚生年金被保険者（私立学校の教職員）のことである。従来は、原則として60歳未満の第 1 号等厚生年金被保険者が対象であったが、2022年（令和 4 年） 5 月 1 日より70歳未満に拡大された。なお、「一定の資格」を設けることにより、当該資格を有する者のみを加入者とすることができるが、その際には「同一労働同一賃金ガイドライン」の考え方を踏まえなければならない。つまり、職務内容や、職務内容および配置の変更範囲などに照らして、不合理な待遇差を設けることは認められず、加入資格を設ける場合であっても、特定の者について差別的なものであってはならない。

企業型年金を実施する企業は、企業型年金規約に基づき、各従業員の個人口座に掛金を年 1 回以上（12月から翌年11月までの12月単位）拠出する。また、加入者が事業主の拠出

〔図表 7 −11〕 企業型年金の拠出限度額（令和 6 年 4 月現在）

| | 拠出限度額 月額（年額） |
|---|---|
| 確定拠出年金以外の企業年金制度<sup>(※1)</sup> に加入していない企業の従業員 | 5.5万円（66万円） |
| 確定拠出年金以外の企業年金制度<sup>(※1)</sup> に加入している企業の従業員 | 2.75万円（33万円） |

（※1）確定給付企業年金、厚生年金基金など
（※2）2024年（令和 6 年）12月より、5.5万円−他制度掛金相当額（月額）となる

に上乗せして掛金を拠出することもできる（いわゆるマッチング拠出）。事業主および加入者が拠出する掛金の合計額には拠出限度額が設けられている〔図表 7 −11〕。なお、**マッチング拠出**においては、「**加入者掛金が事業主掛金を超えることはできない**」という制約がある。加入者が拠出した掛金は、その全額が**小規模企業共済等掛金控除**の対象となる。

### a．確定給付企業年金等に加入している者の場合

月額2.75万円<sup>(注1)</sup>

### b．確定給付企業年金等に加入していない者の場合

月額5.5万円

マッチング拠出を行っていない企業型年金加入者は、個人型年金に同時加入することができる。ただし、企業型年金の事業主掛金は、各月の拠出限度額の範囲内の各月拠出である必要がある。この場合、個人型年金には個人型年金の掛金の拠出限度額の範囲内で、かつ企業型年金の拠出限度額から事業主掛金を控除した額の範囲内の額<sup>(注2)</sup>を拠出することができる（個人型年金（個人型 DC）を参照）。

また、従来は、企業型年金加入者が個人型年金に同時加入できるのは、マッチング拠出を導入していない企業が、企業型年金規約で個人型年金に加入できる旨の定めを設けた場合に限られていたが、2022年（令和 4 年）10月 1 日に同時加入の要件が緩和されたことに伴いこの取扱いは廃止された。なお、2024年（令和 6 年）12月より、確定給付企業年金等に加入している者の拠出限度額は、加入している確定給付企業年金等の掛金を踏まえて算定されるようになる。

**注1** 2024年（令和 6 年）12月より、5.5万円−他制度掛金相当額（月額）となる。

**注2** 2024年（令和 6 年）12月より、2 万円の範囲内で、かつ5.5万円から企業型年金の事業主掛金と他制度掛金相当額を控除した額の範囲内の額となる
※他制度掛金相当額は、確定給付企業年金等の掛金を、加入者ごとに確定拠出年金の事業主掛金に相当する額として算定した額。

### ② 簡易企業型年金（簡易型 DC）

従業員数（厚生年金被保険者数）が300人以下の企業は、制度導入手続が簡便で制度運

〔図表7−12〕企業型年金の仕組み

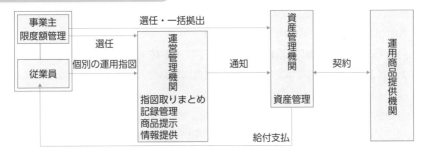

営も容易な簡易企業型年金を設立することができる。ただし、全従業員の加入が義務付けられるほか、掛金の算定方法は定額のみに限定される。

### ③ 制度運営

　確定拠出年金では、制度の運営管理と資産管理の機能が分離されていて、独立した運営管理機関と資産管理機関が設けられている。それらの機関と実施主体の事業主が分担して確定拠出年金制度の運営にあたっている〔図表7−12〕。

　運営管理機関が行う運営管理業務は、**記録関連業務**（加入者等の属性や個人別管理資産額などに関する事項の記録、保存と通知、加入者等の運用指図の取りまとめおよびその内容の通知、給付の裁定）と**運用関連業務**（運用方法の選定、運用方法の加入者等に対する提示、運用方法に係る情報の提供）に分けられる。

　なお、確定拠出年金を導入する事業主が、運営管理機関に係る業務の一部または全部を自ら行うこともできる。

　加入者は、自分の資産内容を運営管理機関に随時照会することができ、少なくとも1年に1回は通知を受ける。

　資産管理機関は、拠出された資産を企業財産から分離して保全し、掛金を資産として管理する。加入者が指図した運用商品の売買を加入者に代わってまとめて執行する。また、加入者等に給付金を支給する。企業は信託会社、信託業務を営む金融機関、生損保会社などの中から資産管理機関を選定し、企業型年金規約に基づきその資産管理機関に掛金を拠出限度額の範囲内で、拠出対象となる期間の最後の月の翌月の初日から末日までに納付する。

### ④ 行為準則、禁止行為

　事業主に対して次のような行為準則や禁止行為が規定されている。

　a. 法令、処分、企業年金規約を遵守し、加入者等のために忠実にその業務を遂行するこ

と。

b. 個人情報は業務遂行に必要な範囲内で保管、使用すること（本人の同意または正当な事由がある場合はこの限りでない）。

c. 自己または加入者等以外の第三者の利益を図る目的をもって、運営管理業務の委託契約または資産管理契約を締結することや運営管理機関に特定の運用方法を加入者等に提示させることをしてはならない。

また、運営管理機関に関する主要な禁止行為は次のとおりである。

a. 運用商品の選定等に関し生じた加入者等の損失の補てんや利益の追加のため、財産上の利益を提供してはならない（ただし、自己の責めに帰すべき事故による損失の全部または一部を補てんする場合を除く）。

b. 第三者が特別の利益の提供を受けること等を目的として特定の運用方法を加入者等に提示してはならない。

c. 加入者等に対し、提示した運用方法のうち特定のものを推奨してはならない。特に、加入者の運用に特定の株式や債券を勧める行為は厳に慎まなければならない。

d. 運用方法について不実のことあるいは利益・損失について誤解させるおそれのある情報を提供し、運用させることをしてはならない。

### ⑤ 離転職時等のポータビリティ

確定拠出年金の大きな特徴の一つはポータビリティである。企業型年金の加入者が転職または離職した場合には、転職先の制度等に加入者の個人別管理資産を移換するか、もしくは転職先の制度や転職後の状況により個人型年金に移換して、自分の持分である年金資産を受給時まで携行しながら老後に備えることができる〔図表7－13〕。

〔図表7－13〕企業型年金の加入者が転職・離職した場合の移換

| 企業型年金がある企業に転職した場合 | 転職先の企業型年金に移換する。または、個人型年金に移換して個人型年金加入者となるか個人型年金運用指図者として運用指図のみ行う。 |
| --- | --- |
| 自営業者、専業主婦、公務員になった場合 | 個人型年金に移換して、個人型年金加入者となるか、個人型年金運用指図者として運用指図のみ行う。 |
| 確定拠出年金も確定給付型の企業年金も有していない企業へ転職した場合 | |
| 確定給付型の企業年金を実施している企業へ転職した場合 | 個人型年金に移換して、個人型年金加入者となるか、個人型年金運用指図者として運用指図のみ行う（確定拠出年金からの移換が認められている確定給付企業年金の場合には、確定給付企業年金に移換することもできる）。 |

〔図表 7 −14〕 ポータビリティ

| | | 移換先 | | | |
|---|---|---|---|---|---|
| | | 確定給付<br>企業年金 | 確定拠出年金<br>企業型 | 確定拠出年金<br>個人型 | 中小企業<br>退職金共済 |
| 移換前 | 確定給付<br>企業年金 | ○ (※2) | ○ | ○ | ○ (※1) |
| | 確定拠出年金<br>企業型 | ○ (※2) | ○ | ○ | ○ (※1) |
| | 確定拠出年金<br>個人型 | ○ (※2) | ○ | | × |
| | 中小企業<br>退職金共済 | ○ (※1)<br>(※3) | ○ (※1)<br>(※3) | × | ○ |

（※1）合併等の場合に限る
（※2）移換先の確定給付企業年金の規約で資産移換を受けることができる旨が定められている場合に資産移換可能
（※3）中小企業退職金共済の加入対象企業でなくなった場合に資産移換可能

　企業型年金においては、勤続3年未満で退職した場合には、企業が、資産のうち事業主掛金に相当する部分の全部または一部を返還するよう規約で定めることができる。この場合は、返還資産額が移換対象となる。返還限度額は、事業主が拠出した元本の額と個人別管理資産のいずれか少ないほうの額である。

　なお、他制度からの移換も可能であり、確定給付企業年金の脱退一時金相当額を、企業型年金、個人型年金に移換することができる。また、確定拠出年金の企業型年金・個人型年金の個人別管理資産を確定給付企業年金に移換することも可能である（確定給付企業年金の規約で、確定拠出年金からの移換が認められている場合のみ）。2022年（令和4年）5月1日以後は、企業型年金の個人別管理資産を企業年金連合会の通算企業年金に移換することもできるようになった。

　これらの離転職時のポータビリティに加え、中小企業退職金共済を実施している企業が加入対象企業でなくなった場合には、中小企業退職金共済から企業型年金に移換することも可能である。また、合併に伴い、実施している企業年金等の制度を1つにまとめる場合に、中小企業退職金共済から確定拠出年金（企業型年金）、あるいは確定拠出年金（企業型年金）から中小企業退職金共済に資産を移換することも可能である〔図表7−14〕。

第7章

# ② 個人型年金（個人型DC）

　個人型年金（iDeCo）は、国民年金基金連合会が実施主体となり、個人型年金規約に基づき運営している。個人型年金への加入を希望する者は、国民年金基金連合会に申請することにより（実際には国民年金基金連合会から事務の委託を受けた金融機関に加入申出書を提出することにより）、制度に加入することができる〔図表7－15〕。

### ① 加入対象者

　個人型年金に加入できるのは、国民年金の①第1号被保険者（自営業者等）、②第2号被保険者（民間企業の従業員や公務員等）、③第3号被保険者（専業主婦（夫））④任意加入被保険者である。つまり、ほぼ全ての国民年金の被保険者が加入できる。

　ただし、①第1号被保険者については、国民年金の保険料を免除されている者（障害基礎年金を受給していることにより免除されている者を除く）や、農業者年金の被保険者は加入できない。②第2号被保険者については、マッチング拠出を行っている企業型年金加入者は加入できない。④任意加入被保険者については、65歳以上70歳未満の特例による任意加入被保険者は加入できない。

　なお、従来は、個人型年金に加入できるのは60歳未満の国民年金の被保険者に限定されていたが、2022年（令和4年）5月1日より、個人型年金の加入対象者が拡大され、国民年金の第2号被保険者や任意加入被保険者については、最長で65歳に達するまでの間、個人型年金に加入できるようになった。また、2022年（令和4年）10月1日より、企業型年金加入者が個人型年金に同時加入できる要件が緩和され、企業型年金規約の定めによらず、

〔図表7－15〕個人型年金の仕組み

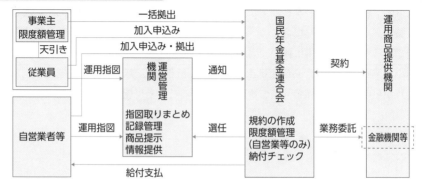

マッチング拠出を行っていない企業型年金加入者は個人型年金に加入できるようになった。

## ② 拠出額

　個人型年金の加入者は、掛金額を限度額の範囲内で任意に決定し、国民年金基金連合会に年1回以上定期に拠出することが可能となっている。掛金を**年単位で拠出**する場合、事前に拠出の年間計画を設定する。この場合、12月分の掛金から翌年11月分までの掛金（納付月は1月から12月）の拠出期間を1年とする。この**1年の単位の中で1回のみ**掛金金額および拠出区分期間を変更することができる。

　なお、企業型年金加入者が個人型年金に同時加入する場合は、掛金を年単位で拠出することはできず、各月の拠出限度額の範囲内での各月拠出とする必要がある。

　第2号加入者（国民年金の第2号被保険者）の場合、事業主が加入者の給与から掛金額を天引きし、国民年金基金連合会に払い込むことが認められるが、加入者の掛金に上乗せして事業主が拠出することはできない。ただし、従業員**300人以下**の中小企業に限り、事業主拠出が認められている（中小事業主掛金納付制度）。

　加入者が拠出する掛金には、以下の拠出限度額が設けられている〔図表7-16〕。

- ａ．自営業者等（国民年金の第1号被保険者、任意加入被保険者）……第1号加入者
  月額6.8万円
- ｂ．会社員、公務員（国民年金の第2号被保険者）……第2号加入者
  - ⅰ．企業年金等に加入していない者
    月額2.3万円
  - ⅱ．企業型年金の加入者（確定給付型の企業型年金の加入者でない場合）
    月額2万円かつ、企業型年金の事業主掛金との合計が月額5.5万円
  - ⅲ．企業型年金の加入者（確定給付型の企業型年金の加入者である場合）
    月額1.2万円かつ、企業型年金の事業主掛金との合計が月額2.75万円[注1]
  - ⅳ．確定給付型の企業年金のみに加入している者
    月額1.2万円[注2]
  - ⅴ．公務員等
    月額1.2万円[注2]
- ｃ．専業主婦等（国民年金の第3号被保険者）……第3号加入者
  月額2.3万円

　また、2022年（令和4年）10月1日より、企業型年金加入者が個人型年金に同時加入する場合の拠出限度額について、個人型年金の掛金単体での拠出限度額に加えて、企業型年金の事業主掛金と個人型年金の掛金との合計額が企業型年金の拠出限度額以下であること

〔図表7-16〕個人型年金の拠出限度額

| | | | 拠出限度額（月額） |
|---|---|---|---|
| 国民年金の<br>第1号被保険者、<br>任意加入被保険者 | 自営業者等 | | 6.8万円<br>（付加保険料または国民年金基金の掛金との合計額） |
| 国民年金の<br>第2号被保険者<br>（厚生年金保険の被保険者） | 会社員 | 企業型確定拠出年金および他の企業年金（※1）に加入していない企業の従業員 | 2.3万円 |
| | | 企業型確定拠出年金加入者<br>（他の企業年金（※1）に加入していない場合） | 2万円<br>かつ<br>企業型年金の事業主掛金との合計が5.5万円 |
| | | 企業型確定拠出年金加入者<br>（他の企業年金（※1）に加入している場合） | 1.2万円（※2）<br>かつ<br>企業型年金の事業主掛金との合計が2.75万円 |
| | | 企業型確定拠出年金以外の企業年金（※1）の加入者 | 1.2万円（※3） |
| | 公務員等 | | |
| 国民年金の<br>第3号被保険者 | 専業主婦等（被扶養配偶者） | | 2.3万円 |

（※1）確定給付企業年金、厚生年金基金など
（※2）2024年（令和6年）12月より、月額2万円の範囲内で、かつ5.5万円から企業型年金の事業主掛金と他制度掛金相当額を控除した額の範囲内となる。
（※3）2024年（令和6年）12月より、月額2万円の範囲内で、かつ5.5万円から他制度掛金相当額（公務員の場合は共済掛金相当額）を控除した額の範囲内となる。

とする制約が加わった。これは、同時加入の要件が緩和されたことに伴い、企業型年金規約による同時加入が可能である旨の記載や、企業型年金の拠出限度額を引き下げる取扱いが廃止されたことによるものである。

　なお、2024年（令和6年）12月より、確定給付企業年金等に加入している者の拠出限度額は、加入している確定給付企業年金等の掛金をふまえて算定されるようになる。

**注1** 2024年（令和6年）12月より、月額2万円の範囲内で、かつ5.5万円から企業型年金の事業主掛金と他制度掛金相当額を控除した額の範囲内となる。

**注2** 2024年（令和6年）12月より、月額2万円の範囲内で、かつ5.5万円から他制度掛金相当額（公務員の場合は共済掛金相当額）を控除した額の範囲内となる。

　※他制度掛金相当額は、確定給付企業年金等の掛金を、加入者ごとに確定拠出年金の事業主掛金に相当する額として算定した額。

### ③　中小事業主掛金納付制度（iDeCoプラス）

　従業員数（第1号厚生年金被保険者数）が**300人以下**で、**企業型年金も確定給付型の企**

〔図表7-17〕制度体系・拠出限度額

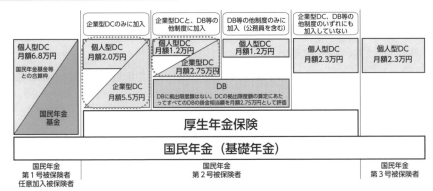

（※）DBには、厚生年金基金・私学共済などを含む。

〔図表7-18〕2024年（令和6年）12月からの制度体系・拠出限度額

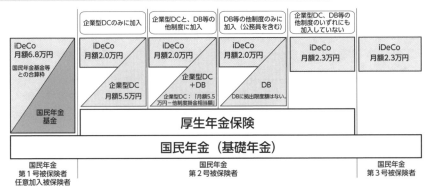

※1 企業型DCの拠出限度額は、月額5.5万円からDB等の他制度掛金相当額（仮想掛金額）を控除した額。他制度掛金相当額は、DB等の給付水準から企業型DCの事業主掛金に相当する額として算定したもので、複数の他制度に加入している場合は合計額。他制度には、DBのほか、厚生年金基金・私立学校教職員共済制度・石炭鉱業年金基金を含む。

施行（令和6年12月1日）の際、現に事業主が実施する企業型DCの拠出限度額については、施行の際の企業型DC規約に基づいた従前の掛金拠出を可能とする（経過措置）。ただし、施行日以後に、確定拠出年金法第3条第3項第7号に掲げる事項を変更する規約変更を行った場合、確定給付企業年金法第4条第5号に掲げる事項を変更する規約変更を行うことによって同法第58条の規定により掛金の額を再計算した場合、DB等の他制度を実施・終了した場合等は、経過措置の適用は終了。

マッチング拠出を導入している企業の企業型DC加入者は、企業型DCの事業主掛金額を超えず、かつ、事業主掛金額との合計が拠出限度額（月額5.5万円からDB等の他制度掛金相当額を控除した額）の範囲内で、マッチング拠出が可能。マッチング拠出かiDeCo加入かを加入者ごとに選択することが可能。

※2 企業年金（企業型DC、DB等の他制度）の加入者は、月額2.0万円、かつ、事業主の拠出額（各月の企業型DCの事業主掛金額とDB等の他制度掛金相当額）との合計が月額5.5万円の範囲内で、iDeCoの拠出が可能。公務員についても、同様に、月額2.0万円、かつ、共済掛金相当額との合計が月額5.5万円の範囲内で、iDeCoの拠出が可能。

〔図表7－19〕転職・離職した場合の個人型年金の移換

| 企業型年金がある企業に転職した場合 | 転職先の企業型年金に移換する。または引き続き個人型年金加入者となるか個人型年金運用指図者として運用指図のみ行う。 |
|---|---|
| 自営業者、専業主婦、公務員になった場合 | 引き続き個人型年金加入者となるか、個人型年金運用指図者として運用指図のみ行う。 |
| 確定拠出年金も確定給付型の企業年金も有していない企業へ転職した場合 | |
| 確定給付型の企業年金を実施している企業へ転職した場合 | 引き続き個人型年金加入者となるか、個人型年金運用指図者として運用指図のみ行う（確定拠出年金からの移換が認められている確定給付企業年金の場合には、確定給付企業年金に移換することもできる）。 |

業年金も有していない中小事業主は、個人型年金に加入している従業員の掛金拠出に上乗せして、年1回以上定期的に**中小事業主掛金**を拠出することが可能である。拠出限度額は加入者掛金と中小事業主掛金を合計して月額2.3万円で、加入者掛金は必ず給与天引きにより納付しなければならない。

　拠出対象者については、一定の資格（職種または勤続期間）を定めることができるが、**同一職種内または同一範囲の勤続期間内では、対象者全員の中小事業主掛金が同額でなければならない。また、中小事業主掛金の額は、加入者掛金を超える拠出が可能であるが、掛金の全額を中小事業主掛金とすることはできない。なお、中小事業主掛金は、加入者の給与所得の収入金額とはならず、会社側では損金算入ができる**（加入者掛金は、小規模企業共済等掛金控除として、本人の所得から控除することができる）。

④　**転職時のポータビリティ**

　個人型年金における個人の資産（個人別管理資産）は、個人が指定した運営管理機関によって記録管理され、転職などをしてもポータビリティが確保されている。その際に、個人型年金加入者の資産は〔図表7－19〕に示すルールによって移換等される。

　なお、企業型年金同様に、確定給付企業年金の脱退一時金相当額を個人型年金に移換することができる。また、個人型年金の個人別管理資産を確定給付企業年金に移換することも可能である（確定給付企業年金の規約で、確定拠出年金からの移換が認められている場合のみ）。

# ❸ 運用

## ① 運用指図

　確定拠出年金では年金資産は、事業主拠出分、加入者拠出分を問わず、運用の指図は加入者が自ら行う。したがって、運用責任は個人が負うことになる。

　具体的には、加入者は、運営管理機関が提示する**運用商品の中から1つ以上の商品により金額や割合を決め自己責任で運用商品を選択**し、運用指図を行う。運営管理機関は、各加入者からの運用指図を取りまとめたうえで、企業型年金については資産管理機関に、個人型年金については国民年金基金連合会（実際は連合会の委託を受けた金融機関）に通知を行う。これを受けて、資産管理機関または国民年金基金連合会（委託を受けた金融機関）は、運営管理機関の通知どおりに、個別の運用商品を提供する金融機関と運用に関する契約の締結を行い、運用商品の売買を実施する。

　運用責任は個人が負うので、事業主が個々の従業員の意思に反して一括して運用指図することは認められない。運用成果の責任はあくまでも個人にある。

## ② 運用商品の範囲

　運用商品は、金融商品のうち、預貯金、株式、投資信託、保険商品等である。動産、不動産、金融先物、商品先物等は運用商品として認められていない。

　運営管理機関は、これらの商品の中から、企業型年金規約または個人型年金規約に定める運用商品の範囲に関する基本的方針に従って、**リスク・リターン特性の異なる3つ（簡易企業型年金は2つ）以上の運用商品（元本確保型商品はなくてもよい）**を選定し、加入者に提示する。提供できる運用商品の上限は35本となっている。

　なお、運用指図は、**少なくとも3カ月に1回以上、行えるようにしなければならない**。

## ③ 情報提供

　運営管理機関は、提示した運用の方法について、加入者が運用指図を行うために必要な下記のような情報を加入者等に提供しなければならない。

- 個別の運用商品のリスク・リターン特性（利益の見込みや損失の可能性等）
- 個別の運用商品の資金拠出の単位、利子・配当など利益の分配方法
- 個別の運用商品の原則として過去10年間の利益または損失の実績等

第7章

# ❹ 給付

給付には、老齢給付金、障害給付金および死亡一時金がある。また、制度に加入できなくなった場合は、一定の要件のもとに、脱退一時金の支給を受けることができる。老齢給付金および障害給付金は、原則として年金として支給される。ただし、その全部または一部を一時金として支給することが認められており、年金と一時金の併給も可能である。

受給資格を得て給付が受けられるときは、加入者が運営管理機関に裁定請求する。運営管理機関は、その請求に基づいて本人の受給資格を確認し、給付の額を裁定する。運営管理機関からの給付裁定の通知に基づいて、企業型年金については資産管理機関、個人型年金については国民年金基金連合会（実際は委託を受けた金融機関）が支給する。

## ① 老齢給付金

老齢給付金は、加入者であった者の通算加入者等期間（掛金を拠出する加入者期間と自分の持分資産の運用のみを行う運用指図者期間との合計。確定給付企業年金等の他の企業年金から資産を移換した場合は、通算加入者等期間に通算する）が**10年以上**ある場合には、**60歳**から受給することができる。

通算加入者等期間が10年未満の場合には、〔図表7－20〕のとおり受給開始年齢が順次遅くなるが、遅くとも65歳から受給することができる。

受給要件を満たしていれば、加入者であった者が75歳に達するまでの間で受給開始時期を選択することができる。75歳に達しても、老齢給付金の請求をしない場合は、資産管理機関が運営管理機関の裁定に基づいて支給することとなる。

年金給付の支給期間は、企業型年金規約または個人型年金規約の定めにより、5年以上**20年以下**となる。また、規約に定めを設けることにより、年金の支給開始日の属する月から5年以上経過した場合に、残りの個人別管理資産額を一括して受けることや、個人別管理資産額が過小となった場合に、1回に限り給付額の算定方法を変えることができる。

老齢給付金の受給権は、本人が死亡したとき、障害給付金の受給権者となったとき、ま

〔図表7－20〕支給開始年齢

| 通算加入者等期間 | 支給開始年齢 | 通算加入者等期間 | 支給開始年齢 |
|---|---|---|---|
| 10年以上 | 60歳から受給可 | 4年以上 | 63歳から受給可 |
| 8年以上 | 61歳から受給可 | 2年以上 | 64歳から受給可 |
| 6年以上 | 62歳から受給可 | 1月以上 | 65歳から受給可 |

たは個人別管理資産がなくなったときは失権する。

### ② 障害給付金、死亡一時金

障害給付金および死亡一時金は、加入者や運用指図者が高度障害になった場合、および死亡した場合にそれぞれ支給される。

### ③ 脱退一時金

制度に加入し得なくなった場合で、掛金を拠出した期間が短い場合などは個人型年金から脱退一時金が支給される。ただし以下の要件をすべて満たした場合に限り支給される。

a．60歳未満であること

b．企業型年金加入者でないこと

c．個人型年金の加入対象者でないこと

d．日本国籍を有する海外居住者でないこと

e．確定拠出年金の障害給付金の受給者でないこと

f．通算拠出期間が5年以下または個人別管理資産が25万円以下であること

g．企業型年金または個人型年金の加入者資格を喪失した日から2年以内に請求すること

なお、2021年（令和3年）4月1日より、通算拠出期間の要件が3年以下から5年以下に緩和された。これは、公的年金の脱退一時金の支給上限の改正に伴うものである。また、2022年（令和4年）5月1日より、「国民年金保険料を免除されていること」という要件に代わり、a．～d．の要件が加わった。これにより、外国人（日本国籍がない者）が帰国した場合に、要件を満たせば脱退一時金を受給できるようになった。

これに対し、企業型年金加入者資格喪失時に、個人別管理資産がきわめて少額（1万5,000円以下）である場合は、加入者資格を喪失した月の属する月の翌月から6カ月以内で、確定拠出年金の加入者でも運用指図者でもなければ、個人型年金に加入できるときでも、企業型年金から脱退一時金を受けることができる。

また、2022年（令和4年）5月1日より、個人型年金の脱退一時金の要件を満たしている場合は、加入者資格を喪失した日の属する月の翌月から6カ月以内であれば、企業型年金から脱退一時金を受けることができるようになった。

なお、脱退一時金は加入者であった者の請求に基づいて支給されるものであるため、請求せずに、運用指図者として運用を続けることも可能である。

第7章

# 実務上のポイント

- 確定拠出年金の老齢給付金を60歳から受給するためには、60歳時点で確定拠出年金の通算加入者等期間が10年以上なければならない。
- 確定拠出年金の個人別管理資産の運用期間中に発生する利息や収益分配金等の運用収益は、年金の給付時まで課税が繰延べされる。
- 企業型年金の加入者が60歳未満で退職して、国民年金の第3号被保険者となった場合、企業型年金の個人別管理資産を個人型年金に移換し、個人型年金の加入者または運用指図者となることができる。

# 第 8 章

# 金融商品と税金

## 第 1 節

# 預貯金、金融類似商品の課税関係

## ❶ 利子所得の範囲

　預貯金の利子や、公社債の利子、合同運用信託および公社債投資信託の収益の分配に係る所得は所得税法上、利子所得となる。ただし、通常いわれる「利子」よりその範囲は狭く、次のようなものは含まれない。

　　① 定期積金や相互掛金のいわゆる給付補てん金（雑所得となる）

　　② 割引公社債の償還差益または発行差金（譲渡所得となる）

　　③ 学校債や組合債の利子（雑所得となる）

　　④ 貸付金の利子（事業所得または雑所得となる）

## ❷ 源泉分離課税と総合課税

　利子所得は、特定公社債等の利子等やマル優などの少額貯蓄非課税制度の適用分を除き、原則として源泉分離課税扱いとなる。利子等を受け取る際に、所得税（国税）15.315％、住民税（地方税）5％の合計20.315％が源泉（特別）徴収されるだけで課税関係は終了し、確定申告を行うことはできない。

　ただし、国外で直接受け取る利子等、一部のものについては日本国内において源泉徴収の対象とならず、総合課税となる。

## ③ 金融類似商品の扱い

　次の金融類似商品に係る利息、売却益等については、利子所得と同様に、源泉分離課税扱いとなり、20.315％（所得税15.315％、住民税5％）の税率で源泉徴収されるだけで課税関係は終了する。

**①　金貯蓄（投資）口座の利益（譲渡所得）**

　現物の金地金の売却による所得については、原則として総合課税の譲渡所得とされる。

**②　定期積金の給付補てん金（雑所得）**

**③　一時払養老保険・一時払損害保険の差益（一時所得）**

**注** ただし、源泉分離課税の対象となるのは、保険期間が5年以下のものと、保険期間が5年を超えるもので保険期間の初日から5年以内に解約されたものなど特定のものに限られる。保険期間が5年を超えるものは、源泉徴収は行われず、総合課税の一時所得となる。また、保険期間が5年以下であっても保障倍率（保険金額÷満期返戻金の額）が5倍以上の一時払養老保険等については、総合課税の一時所得として取り扱われる。

**④　懸賞金付預金等の懸賞金（一時所得）**

## 実務上のポイント

・一時払養老保険などの金融類似商品に係る利息、売却益等は、利子所得と同様に、源泉分離課税扱いとなり、20.315％（所得税15.315％、住民税5％）の税率で源泉徴収されるだけで課税関係が終了する。

第8章

# 債券の課税関係

　2016年1月1日以後、「特定公社債等」と「それ以外の公社債（一般公社債等）」に分類され、課税方法が変更された〔図表8－1〕。**特定公社債等**とは、具体的には国債、地方債、外国国債、外国地方債、公募公社債、上場公社債、2015年12月31日以前に発行された公社債（同族会社が発行した社債を除く）などの一定の公社債である。一方、それ以外の公社債（一般公社債等）とは特定公社債等以外の公社債である。

　なお、2016年からは特定公社債等も特定口座の受入対象となっている。

〔図表8－1〕公社債等の利子・譲渡益・償還差益の課税方式

| 区　分 | | 2015年12月31日まで | 2016年1月1日以後 |
|---|---|---|---|
| 特定公社債等[※1] | 利　子 | 源泉分離課税<br>（所得税15.315%、住民税5%） | 申告分離課税[※3]<br>（所得税15.315%、住民税5%） |
| | 譲渡益 | 原則として非課税 | 申告分離課税<br>（所得税15.315%、住民税5%） |
| | 償還差益 | 総合課税 | |
| 一般公社債等[※2] | 利　子 | 源泉分離課税<br>（所得税15.315%、住民税5%） | 源泉分離課税[※4]<br>（所得税15.315%、住民税5%） |
| | 譲渡益 | 非課税 | 申告分離課税[※4]<br>（所得税15.315%、住民税5%） |
| | 償還差益 | 総合課税 | |

（※1）「特定公社債等」とは、特定公社債（国債・地方債・公募公社債その他一定の公社債）や公募公社債投資信託の受益権などをいう。

（※2）「一般公社債等」とは、特定公社債以外の公社債などをいう。

（※3）特定公社債等の利子については、申告不要が選択できる。

（※4）同族会社が発行した社債に係る利子・償還差金のうち、その同族株主等が支払を受けるものは、総合課税の対象となる。また2021年4月1日以後に支払を受けるべき社債の利子については、同族会社が発行した社債の利子でその同族会社の判定の基礎となる株主である法人と特殊の関係のある個人およびその親族等が支払を受けるものも総合課税の対象となる。

# ❶ 利子の取扱い

　特定公社債等の利子等は20.315％（所得税15.315％、住民税5％）の税率による申告分離課税の対象である。また、確定申告をしないこともできる（申告不要）。具体的には、利子等を受け取る際に20.315％（所得税15.315％、住民税5％）の税率で源泉徴収され、確定申告をせずに課税関係を終了することも、申告分離課税により確定申告を行うこともできる。申告分離課税で確定申告を行う場合、特定公社債等の利子等は、特定公社債等の譲渡損失や上場株式等の譲渡損失の金額と損益通算することができる。また、譲渡損失の繰越控除の適用を受けている損失金額とも通算することができる。

　一般公社債等の利子等については20.315％（所得税15.315％、住民税5％）の税率による源泉分離課税のままとなるが、同族会社が発行した社債の利子でその同族会社の同族株主等が支払を受けるものは、総合課税の対象となる。また2021年4月1日以後に支払を受けるべき社債の利子については、同族会社が発行した社債の利子で、その同族会社の判定の基礎となる株主である法人と特殊の関係のある個人およびその親族等が支払を受けるものも総合課税の対象となる。

# ❷ 譲渡・償還時の取扱い

　特定公社債等の譲渡損益は上場株式等の譲渡所得等に含まれ、申告分離課税の対象となる。また、特定公社債等の償還または一部解約等により支払を受ける金額については、これを特定公社債等の譲渡所得等に係る収入金額とみなすことにより、償還等による差益は上場株式等の譲渡益と同様の取扱いとなり、申告分離課税の対象となる。税率は20.315％（所得税15.315％、住民税5％）である。

　また、特定公社債等の譲渡損益は、上場株式等の譲渡損益と通算することができ、通算により損失となった場合（上場株式等の譲渡損失）には、上場株式等の配当等および特定公社債等の利子等と損益通算することができる。ただし、確定申告が必要である。また、通算してもなお控除しきれない場合には、確定申告をすることで、譲渡損失の繰越控除の適用を受けることができる。

　一般公社債等の譲渡（償還等を含む）損益は一般株式等の譲渡所得等に含まれ、申告分離課税の対象となり、税率は20.315％（所得税15.315％、住民税5％）である。なお、同

第8章

族会社が発行した債券の償還金で、その同族株主等が支払を受けるものは総合課税の対象となる。また2021年4月1日以後においては、その同族会社の判定の基礎となる株主である法人と特殊の関係のある個人およびその親族等が支払を受けるものも総合課税の対象となる。また、一般公社債等の譲渡損益は、一般株式等の譲渡損益と通算することができるが、配当および利子等と損益通算することができず、譲渡損失の繰越控除も適用できない。

# ❸ 割引債の取扱い

　割引債の償還および譲渡による所得については、特定公社債等の譲渡等または一般公社債等の譲渡等として申告分離課税の対象である〔図表8−2〕。なお、2016年1月1日以後に発行される割引債（預金保険法に規定する長期信用銀行債等を除く）については、その割引債の償還金に係る差益金額に対して20.315％（所得税15.315％、住民税5％）の税率で課税される。なお、一般口座内にて源泉徴収を行う場合の償還差益の金額は「償還金額×みなし割引率」の額で計算を行い〔図表8−3〕、特定口座内にて取得費が管理されている割引債については実際の償還差益の額で計算が行われる。

　ただし、2015年12月31日以前に発行された割引債で、その償還差益が発行時に源泉徴収の対象とされたものについては、譲渡益は非課税である。

〔図表8−2〕割引債の譲渡益・償還差益の課税方式

| 区　分 | | 2015年12月31日まで | 2016年1月1日以後 |
|---|---|---|---|
| 割引債 | 譲渡益 | 原則として非課税 | 申告分離課税<br>（所得税15.315％、住民税5％）<br>償還時に源泉徴収 |
| | 償還差益 | 原則、源泉分離課税（所得税のみ）<br>発行時に原則18.378％の源泉徴収 | |

（※）2015年12月31日までに発行された割引債で、発行時に源泉徴収されたものについては源泉分離課税が維持される。

〔図表8−3〕みなし割引率

| 区　分 | みなし割引率 |
|---|---|
| 発行から償還までの期間が1年以下のもの | 0.2％ |
| 発行から償還までの期間が1年超のもの | 25％ |

## 実務上のポイント

- 債券（公社債）は、市場で自由に売買できる特定公社債（国債、地方債、公募公社債、外国国債など）と、私募債などの一般公社債に区分される。
- 特定公社債の課税は、利子は利子所得として20.315％の申告分離課税（20.315％の源泉徴収で申告不要を選択可能）、償還差益と譲渡益は譲渡所得等として20.315％の申告分離課税となる。

第8章

第 **3** 節

# 株式の課税関係

## ① 配当課税

個人が受け取る株式の配当金に対しては、配当所得として、原則として総合課税の方法で課税される。また、納税者の選択により、申告不要制度の適用を受けることもでき、一定の上場株式等の配当等については申告分離課税も選択できる。総合課税の方法で確定申告する場合には、配当控除の適用がある。

### (1) 配当所得の計算

配当所得の金額は次の算式で計算される。

**配当所得の金額**

> 収入金額−株式等の取得に要した負債の利子
> （※）収入金額から差し引くことができる負債の利子は、株式等の保有期間に対応する部分に限られる。

また、配当金受取時には〔図表8−4〕の税率による所得税および住民税が徴収される。

〔図表8−4〕配当金の課税方法および源泉徴収税率

| 株式の区分 | 所得税 | 住民税 |
|---|---|---|
| 一定の上場株式等（持株割合3％以上の株主を除く） | 総合課税・申告分離課税または申告不要（源泉徴収税率）…15.315％ | 総合課税・申告分離課税または申告不要（特別徴収税率）…5％ |
| 上記以外の株式等 | 総合課税（※）（源泉徴収税率）…20.42％ | 総合課税（特別徴収税率）…0％ |

（※）1回に支払を受けるべき金額が、以下の算式により計算した金額以下である配当金については、申告不要を選択できる。

$$10万円 \times \frac{配当計算期間の月数}{12} \quad （計算期間が1年以上のものは10万円）$$

なお、少額投資非課税制度（NISA、つみたて NISA）、未成年者少額投資非課税制度（ジュニア NISA）で投資した金融商品の配当等については非課税（株式については株式数比例配分方式による受取りを選択した場合）になるため、源泉徴収は行われない。

## （2）申告不要制度

　国内の法人から支払を受ける配当等（一定の配当を除く）で、1回に支払を受ける金額が、10万円に配当計算期間の月数を乗じ12で除して求めた金額以下のものについては、源泉徴収のみで確定申告を不要とすることができる。これを少額配当申告不要制度という。この申告不要制度を適用できる配当金かどうかは、1回当たりの配当金額で判断する。

　ただし、一定の上場株式等（持株割合3％以上の大口株主を除く。以下同じ）の配当金については、この申告不要制度の適用について、適用金額の上限が撤廃されている。つまり、一定の上場株式等の配当金については、配当金の金額にかかわらず、確定申告を不要とすることができ（確定申告をすることは可能）、源泉徴収のみで課税関係を終了させることができる。なお、申告不要を選択した場合には、配当控除の適用はない。

　また、2022年度税制改正により、国内の法人から支払を受ける上場株式等の配当等で、その支払を受ける者とその者を判定の基礎となる株主として選定した場合に同族会社に該当する法人が保有する株式の持株割合が3％以上となる場合の、その者が支払を受ける配当等は総合課税の対象（申告不要は選択できない）とされ、本改正は2023年10月1日以後に支払を受けるべき上場株式等の配当等に適用される。

## （3）申告分離課税制度と損益通算の特例

### ① 申告分離課税

　上場株式等の配当所得については20.315％（所得税15.315％、住民税5％）の税率による申告分離課税制度を選択できる。申告分離課税を選択した場合には、配当控除の適用はない。

### ② 上場株式等の譲渡損失と上場株式等の配当所得等との損益通算の特例

　その年分の上場株式等の譲渡所得等の金額に計算上生じた損失（特定公社債等の譲渡損失を含む）の金額があるときや、その年の前年以前3年間の各年に生じた上場株式等の譲渡損失の繰越控除金額があるときは、これらの損失の金額を上場株式等の配当所得等の金額（申告分離課税を選択したものに限る）から控除することができる。

第8章

〔図表 8 - 5〕配当控除

| 課税総所得金額等 | 所得控除 | 課税総所得金額等 | | 配当控除 |
|---|---|---|---|---|
| | 0 | 1,000万円 | | |
| 1,000万円以下の場合 | その他の所得 | 配当所得 | | ①所得税<br>（配当所得×10%）<br>②住民税<br>（配当所得×2.8%） |
| 配当所得を加えると1,000万円を超える場合 | その他の所得 | 配当所得（イ） | （ロ） | ①所得税<br>（イの部分×10%）＋<br>（ロの部分× 5 %）<br>②住民税<br>（イの部分×2.8%）＋<br>（ロの部分×1.4%） |
| 配当所得以外の所得が1,000万円を超える場合 | その他の所得 | | 配当所得 | ①所得税<br>（配当所得× 5 %）<br>②住民税<br>（配当所得×1.4%） |

（※）上図の配当所得には、①一定の株式投資信託の収益分配金、②申告不要制度を選択した配当金、③申告分離課税を選択した配当金、④外国株式の配当金などは含まない。

## （4）総合課税と配当控除

　国内株式の配当金について、配当所得として総合課税で確定申告を行う場合には配当控除（税額控除）の適用がある（外国株式の配当金、J-REITの分配金等については配当控除の適用はない）。

　配当控除額は以下ならびに〔図表 8 - 5〕のとおりである。

### ① 課税総所得金額等が1,000万円以下の場合

**配当控除額**

配当所得の金額×10%（2.8%）

### ② 課税総所得金額等が1,000万円超の場合

**配当控除額**

$$\left( \begin{array}{l} \text{配当所得の金額のうち課税} \\ \text{総所得金額等から1,000万円} \\ \text{を控除した金額（A）} \end{array} \right) × 5 \%（1.4\%）+ \left( \begin{array}{l} \text{配当所得の金額} \\ \text{のうち} \\ \text{（A）以外の金額} \end{array} \right) ×10 \%（2.8\%）$$

注 ①、②ともカッコ内の％は住民税の控除率。

なお住民税においても上場株式等に係る配当所得等についての課税方法は同様（総合課税、申告分離課税、申告不要から選択）である。

※2023年分の所得税の確定申告（2024年度の住民税）からは、所得税と住民税で異なる課税方式の選択は廃止された。

## ❷ 譲渡益課税

株式を譲渡した場合の課税方法については、株式を譲渡して利益が生じている場合、申告分離課税制度により、原則としてすべて確定申告を行わなければならない。

ただし、証券会社等に特定口座を設け、所得税および住民税の徴収を証券会社等の金融商品取引業者が行うこと（源泉徴収選択口座）を選択した場合、投資家自身は確定申告を不要とすることができる。

## (1) 申告分離課税制度

株式等を譲渡したことによって得る所得については、年間の株式等の譲渡益を計算し、その譲渡益の金額に対し、他の所得と分離して所得税15.315％、住民税5％の税率で課税される〔図表8－6〕。年間の株式等の譲渡による所得が合計でマイナスとなっても、株式等の譲渡による所得以外の所得との損益通算はできない。ただし、特定公社債等の譲渡益、申告分離課税を選択した上場株式等の配当所得や特定公社債等の利子所得との損益通算は可能である。

申告分離課税の対象となる有価証券（外国法人が発行したものを含む）は、株式、新株

〔図表8－6〕株式等の譲渡に対する税率

| | | 2014年1月1日以後 | |
|---|---|---|---|
| 上場株式等<sup>(※)</sup> | 通常取引 | 20.315％ | 所得税 15.315％<br>住民税 5％ |
| | 相対取引等 | 20.315％（所得税15.315％、住民税5％） | |
| 非上場株式等 | | 20.315％（所得税15.315％、住民税5％） | |

（※）上場株式等とは、国内・国外金融商品取引所等に上場されている株式等で、上場投資信託、上場不動産投資信託等を含む。通常取引とは、金融商品取引業者への売委託・金融商品取引業者に対する譲渡等をいう。

第8章

予約権、新株予約権付社債や特定株式投資信託の受益証券等となっている。株式形態のゴルフ会員権などは総合課税とされ、申告分離課税の対象外となる。

なお、株式等の譲渡は、原則として譲渡所得に該当するが、その譲渡が営利を目的として継続的に行われていれば、事業所得または雑所得として課税される。

申告分離課税の対象となる株式等の譲渡による所得金額は、株式等の譲渡による収入金額から取得価額（取得費）、委託手数料等の諸経費を控除して計算する。

**譲渡所得の金額**

譲渡収入金額－（取得費＋負債利子＋譲渡費用）
（※）**負債利子**は、譲渡した株式等を取得するために要した負債の利子で、その譲渡した年に支払う金額のうち所有期間に対応する金額。譲渡した年以外の負債の利子は、配当所得の計算上、配当収入から控除する。
　　**譲渡費用**とは、株式等の譲渡に要した委託手数料（消費税を含む）等をいう。なお、口座管理料等の管理費は、株式等の譲渡が事業所得または雑所得に該当する場合には控除できるが、譲渡所得に該当する場合には控除できない。

### ① 取得価額（取得費）

株式等の取得価額（取得費）は、その株式の取得の形態により異なるが、主なものは以下のとおりである。

#### a．購入した株式

購入代金に委託手数料（消費税を含む）などの付随費用を加算した金額

#### b．払込みにより取得した株式

その払込金額

#### c．相続（限定承認に係るものを除く）により取得した株式

被相続人の取得価額を引き継ぐ。ただし、相続により取得した株式を相続税の申告書の提出期限の翌日以後3年以内に譲渡した場合には、譲渡した株式に係る相続税相当額を取得価額に加算することができる。

#### d．取得価額が不明の場合

「譲渡価額×5％」の金額とすることができる（概算取得費）。

### ② 同一銘柄の株式等を2回以上にわたって取得した場合の取得価額（取得費）

同一銘柄の株式等を2回以上にわたって取得した場合の取得価額は、以下の所得区分に応じて計算する。

#### a．事業所得となる場合

「総平均法」により計算する。総平均法とは、その種類・銘柄の同じものについて、その年の1月1日において所有していた株式等の取得価額の総額と、その年中に取得し

た株式等の取得価額の総額を合計し、その合計額をこれらの株式等の取得株式総数で除して計算した額を1単位当たりの取得価額とするものである。

### b. 譲渡所得または雑所得となる場合

「総平均法に準ずる方法」により計算する。総平均法に準ずる方法とは、株式等を種類・銘柄の異なるごとに区分し、同一銘柄等の株式等を最初に取得してから最初に譲渡するまでの期間およびその後、次の譲渡をするときまでの期間をそれぞれ1暦年として総平均法により計算した金額を1単位当たりの取得価額として計算する方法である。実務上はほとんどの場合、株式の譲渡が譲渡所得か雑所得として扱われることになるので、原則的にはこの「総平均法に準ずる方法」により計算されることとなる。

## (2) 上場株式等の譲渡損失の繰越控除

上場株式等の譲渡損失については、同一年内の上場株式等の譲渡益や特定公社債等の譲渡益、申告分離課税を選択した上場株式等の配当所得や特定公社債等の利子所得の金額から控除しきれない場合、確定申告を条件にその控除しきれなかった損失の金額を翌年以後3年間にわたり、上場株式等の譲渡益や特定公社債等の譲渡益、申告分離課税を選択した上場株式等の配当所得や特定公社債等の利子所得の金額から控除することができる〔図表8-7〕。

繰越控除の適用は、上場株式等を金融商品取引業者を通じて譲渡等した場合に限られ、上場株式を相対取引で譲渡した場合の譲渡損失や非上場株式（一般株式等）の譲渡損失については繰越控除の適用は受けられない。

また、合計所得金額の計算は、譲渡損失の繰越控除の適用を受けている場合には、その適用前の金額で計算する。

**〔図表8-7〕上場株式等の譲渡損失の繰越控除**

第8章

〔図表8-8〕特定口座制度

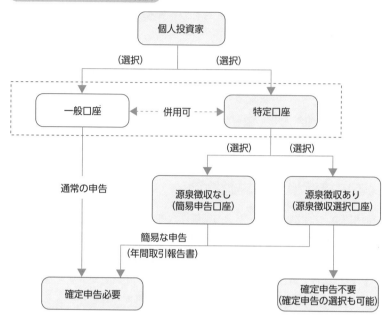

## （3）特定口座制度

### ① 特定口座の概要

　株式譲渡益課税については申告分離課税であるため、年間の株式等の譲渡損益について原則的に各個人が確定申告および納税を行う必要がある。しかし、確定申告の手続は煩雑であるため、この手続を軽減する目的で特定口座制度が創設された。

　具体的には、金融商品取引業者に特定口座を開設し、株式の売買を行った場合、この特定口座を通じて行われた上場株式等の売買の損益については、金融商品取引業者がその計算を行う。そして、金融商品取引業者から送られてくる年間取引報告書を参考に、簡易な申告が可能となる（簡易申告口座）。また、譲渡益が発生する都度、金融商品取引業者が利益に応じて源泉徴収を行うことを選択することにより、確定申告を不要とすることも可能となる（源泉徴収選択口座）〔図表8-8〕。

　特定口座は、同一の金融商品取引業者等には1つしか開設できないが、複数の金融商品取引業者等に開設することは可能である。また、特定口座へ入れることのできる株式等は、原則的に特定口座を通じて購入した株式等や他の金融商品取引業者の特定口座から移管さ

れたもの等、一定のものに限られる。

　なお、2016年からは特定公社債等も特定口座の受入対象に含まれている。

② **特定口座内の上場株式等の譲渡に係る申告不要制度**

　金融商品取引業者に特定口座を開設し「特定口座源泉徴収選択届出書」を提出した場合（源泉徴収選択口座）には、株式売却の都度、一定の計算式による売却益に対して、所得税15.315％・住民税5％が源泉徴収され、その特定口座内の株式の売却益については、確定申告を不要とすることができる。また、譲渡損については、既に源泉徴収した税額から還付される。

　ただし、「特定口座源泉徴収選択届出書」については、その年の最初の売却のときまでに提出が必要であり、年の途中での変更はできない。

　なお、配偶者や扶養親族等が行う源泉徴収選択口座内での株式の売却から生じる所得については、控除対象配偶者や控除対象扶養親族の判定上の合計所得金額に算入されないことになる（ただし、源泉徴収選択口座の所得について確定申告する場合を除く）。なお、源泉徴収選択口座において処理される上場株式等の譲渡等に係る年間取引報告書は税務署へ送付される。

③ **源泉徴収選択口座内における損益通算の特例**

　上場株式等の配当等について、源泉徴収選択口座に受け入れた上場株式等の配当等に対する源泉徴収税額を計算する場合において、上場株式等の譲渡損失の金額があるときは、その配当等の額からその損失金額を控除した金額に対して源泉徴収税額を計算する。

　この場合、その上場株式等の譲渡損失の金額を、確定申告により、他の上場株式等の譲渡所得等の金額等から控除する場合においては、この源泉徴収選択口座に係る上場株式等の配当等の金額は、申告不要制度は適用できない。なお、源泉徴収選択口座に受け入れた特定公社債等の利子等についても同様である。

## (4) 上場株式等の譲渡所得等と一般株式等の譲渡所得等における分離課税

　2016年1月1日以後、株式等の譲渡所得等に関する分離課税について、上場株式等の譲渡所得等と一般株式等の譲渡所得等を別々の分離課税としたうえで、「特定公社債等および上場株式等の譲渡所得等」の分離課税と、「一般公社債等および一般株式等の譲渡所得等」の分離課税に分けられた。その結果、上場株式等の譲渡損益と一般株式等の譲渡損益は通算できなくなった。

第8章

# 実務上のポイント

- 上場株式の配当は、配当金が支払われるときに20.315%（所得税15.315%、住民税5％）が源泉徴収され、申告不要、総合課税、申告分離課税のいずれかを選択できる。総合課税を選択した場合は配当控除を適用できる。
- 上場株式を譲渡した際に他の上場株式等の譲渡益や上場株式等の配当所得等の金額から控除しきれなかった損失について、確定申告により翌年以後3年間にわたり繰越控除することができる。
- 特定口座の源泉徴収選択口座の場合、20.315%（所得税15.315%、住民税5％）が源泉徴収されて申告不要とでき、また口座内で配当・利子等が計算されるため、口座内の年間譲渡損益が損失の場合、損益通算されて、配当・利子等から差し引かれた源泉税額が還付される。

# 証券投資信託の課税関係

　投資家が投資信託を購入することにより得られる利益には、大きく分けて、収益分配金、解約・償還差益、売却益がある。それらの利益に対しては、収益の区分により、課税方法が異なる。個人の投資信託取引に関連する税法上の主な所得区分には、利子所得、配当所得、譲渡所得がある（雑所得や事業所得になるケースもある）〔図表8－9〕。

　投資信託には公募、私募あるいは契約型、会社型といった分類によりさまざまなタイプがある。ここでは、最も一般的な契約型の公募追加型株式投資信託について、その分配金と譲渡等の課税関係を中心に説明する。

　なお、公社債投資信託については、原則として特定公社債等と課税関係は同様である。

　また、私募投信については、分配金および譲渡による所得は株式と同様の課税であり、解約、償還による解約益、償還益（個別元本超過額）は配当所得となる。

　上場投資信託（ETF）や上場不動産投資信託（J−REIT）は上場株式と同様の課税関係である。

## ❶ 収益分配金の取扱い

　公募追加型株式投資信託の収益分配金に対する課税関係は、以下のとおり普通分配金と元本払戻金（特別分配金）に分けて扱われる。

　分配時の基準価額のうち、個別元本を上回る部分から分配される分配金を普通分配金という。普通分配金は配当所得扱いで、上場株式等の配当金と同様の課税関係となる。ただし、配当控除の適用については、外貨建て資産への投資割合等によって控除率が異なる。

　元本払戻金（特別分配金）は、元本を取り崩して分配された分配金であり、非課税である（源泉税は徴収されない）。

　なお、上場不動産投資信託（J−REIT）の分配金は、上場株式等の配当金とほぼ同様の課税扱いになるが、上場不動産投資信託は利益の9割超を分配金として支払うことなどで

第8章

〔図表8−9〕投資信託から得られる所得の区分（個人）と課税関係

| 利子所得 | 公社債投資信託の収益分配金 | 申告分離課税または申告不要も選択可。20.315％（所得税15.315％、住民税5％）の源泉徴収あり |
|---|---|---|
| 配当所得 | 公社債投資信託以外の投資信託の収益分配金 | 原則として総合課税。20.315％（所得税15.315％、住民税5％）の源泉徴収あり<sup>（※）</sup>、申告分離課税・申告不要も選択可 |
| 譲渡所得等 | 投資信託における売却益 | 20.315％（所得税15.315％、住民税5％）の申告分離課税。「源泉徴収あり」を選択した特定口座での譲渡の場合は源泉徴収あり、申告不要も選択可 |

（※）公募契約型株式投資信託、上場投資信託（ETF）、不動産投資信託（REIT）、オープンエンド型公募会社型投資信託、上場しているクローズド・エンド型公募会社型投資信託の収益の分配に係る配当所得は、申告分離課税も選択可。

法人税を免除されているため、所得税との二重課税が発生しないので、確定申告をしても配当控除を受けることはできない。

## 例　題

**Q:**

　以下の公募追加型株式投資信託について、投資家の個別元本が①9,000円の場合、②1万200円の場合、それぞれ分配金に係る源泉徴収税額はいくらか。なお、分配金は2022年中に受け取るものとする。
- 分配前基準価額　1万500円
- 分配後基準価額　1万円
- 分配金　500円

**A:**

①　投資家の個別元本が9,000円の場合
　分配後基準価額（1万円）≧個別元本（9,000円）
　したがって、分配金の全額が普通分配金となり、源泉徴収税額は次のとおりとなる。
　（1万500円−1万円）×20.315％＝101円（1円未満の端数切捨て）
②　投資家の個別元本が1万200円の場合
　分配後基準価額（1万円）＜個別元本（1万200円）
　分配金のうち個別元本が分配後基準価額を超える部分は元本払戻金（特別分配金）として取り扱われる。したがって、分配金のうち300円は普通分配金、200円

は元本払戻金（特別分配金）となり、元本払戻金（特別分配金）は非課税である
ので、源泉徴収税額は次のとおりとなる。
　（1万500円− 1万200円）×20.315% ＝60円（1円未満の端数切捨て）
　この場合、投資家の個別元本が1口当たり200円減額される。

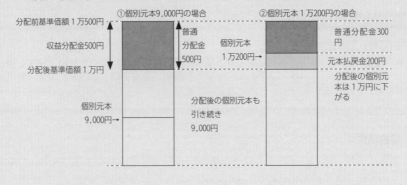

# 2 換金時の課税

## （1）買取請求と解約請求

　償還期日前に資金が必要となった場合には、解約請求または買取請求のいずれかを選択
して中途換金することになる。解約請求とは、投資信託会社に対して直接、信託契約の解
約をするものであり、買取請求とは、証券会社等の金融商品取引業者に対して受益証券を
買い取ってもらう（受益証券の譲渡による）ものである。なお、いずれの場合も譲渡所得
等として取り扱われるため税務上、両者では同様の取扱いとなる。

　譲渡所得に係る税率は、上場株式等に係る税率が適用され、一律20.315%（所得税
15.315%、住民税5%）である。また、他の株式等の譲渡損益、特定公社債等の譲渡損益、
申告分離課税を選択した上場株式等の配当所得や特定公社債等の利子所得と損益通算が可
能である。

　なお、以前は課税方法が違い、買取請求は譲渡所得、解約請求は配当所得であったが、
現在は前述のとおり「譲渡所得」となる。他の上場株式や投資信託等の譲渡所得等と通算
することが可能である。

第8章

### ① 買取請求

買取りによる損益は、買取価額から取得価額を差し引いた額となる。買取請求による利益は譲渡所得とみなされ、株式等の譲渡による所得として上場株式等の譲渡と同様に扱われ、申告分離課税となる。

**買取請求における所得金額**

買取価額−取得価額

（※）取得価額は、購入価格（＝購入時の基準価額）に販売手数料や消費税、購入に要した借入金利子や交通費・通信費などを加えた金額。また、過去に元本払戻金（特別分配金）を受けている場合はその金額を控除する。

### ② 解約請求

公募株式投資信託の終了、または一部解約により交付を受ける金銭の額等については、その金額を株式等譲渡所得金額等の収入金額とみなして課税が行われる。つまり、原則として解約請求の場合も買取請求と同様の取扱いとなる。

## (2) 譲渡損益の損益通算と繰越控除

### ① 損益通算

公募株式投資信託の換金により生じた譲渡損益は、上場株式等の譲渡として取り扱われるため、他の上場株式等の譲渡損益や特定公社債等の譲渡損益との通算や、申告分離課税を選択した上場株式等の配当所得や特定公社債等の利子所得との損益通算が可能である。

### ② 繰越控除

公募株式投資信託の換金により生じた譲渡損失は、上場株式等に係る譲渡損失の繰越控除の対象に含まれ、上場株式と同様に、確定申告により損失を翌年以後3年間繰り越すことができる。

## 実務上のポイント

- 公募公社債投資信託は、特定公社債等として特定公社債と同様の課税関係となる。
- 公募株式投資信託は、上場株式等として上場株式と同様の課税関係となる。
- 普通分配金は、運用収益から支払われる分配金であり課税対象。
- 元本払戻金（特別分配金）は、投資家の元本が戻ってきた部分の分配金であり非課税。
- 元本払戻金（特別分配金）が支払われた場合、その金額の分だけ、個別元本は下がる。

# 第5節 外貨建て金融商品の課税関係

## 1 外貨預金の課税関係

### (1) 利子に対する課税

#### ① 日本国内に所在する金融機関に預け入れられた外貨預金

日本国内に所在する金融機関に預け入れられた外貨預金の利子は、円建て預金と同様、源泉分離課税（所得税15.315%、住民税5％）の方法により課税される。

#### ② 日本国外に所在する金融機関に預け入れられた外貨預金

日本国外に所在する金融機関に預け入れられた外貨預金の利子は利子所得に該当し、総合課税の対象となり、確定申告が必要となる。また、確定申告をする際、利子に対して海外で支払った外国所得税がある場合には、外国税額控除の適用を受けることができる。

利子の邦貨換算は、利子支払日の TTB により換算を行う。

### (2) 満期・解約等による為替差損益に対する課税

#### ① 日本国内に所在する金融機関に預け入れられた外貨預金

外貨預金の満期時または解約時における元本および利息があらかじめ円貨ベースで確定されているものや為替予約により他の外貨で受け取ることとされているものについては、元本部分の為替差益についても、利子の部分と同様、源泉分離課税（所得税15.315%、住民税5％）の方法により課税される。これら以外の外貨預金の満期・解約等による為替差損益は、雑所得として総合課税の対象となる。

#### ② 日本国外に所在する金融機関に預け入れられた外貨預金

満期・解約等による為替差損益は、雑所得として総合課税の対象となる。

## ❷ 外貨建て MMF の課税関係

外貨建て MMF の収益の分配金に対する課税は、上場株式内の利子所得として20.315％（所得税15.315％、住民税 5 ％）の申告分離課税である。なお、申告不要も選択できる。売買・償還損益は為替差損益も含めて譲渡所得として20.315％（所得税15.315％、住民税 5 ％）の申告分離課税である。

## ❸ 外貨建て債券の課税関係

## (1) 利子に対する課税

### ① 外国公社債の利子に対する課税

特定公社債等にあたる外国公社債の利子は利子受取時において20.315％（所得税15.315％、住民税 5 ％）の源泉徴収が行われ、申告分離課税（所得税15.315％、住民税 5 ％）の方法により課税される（申告不要も選択可）。その利子に対して海外で外国所得税が源泉徴収されている場合には、確定申告により、外国税額控除の適用を受けることができる。

一般公社債等にあたる外国公社債の利子は、海外で徴収された税金を控除する前の利子の金額に20.315％を乗じて計算した金額から、海外で徴収された外国所得税の金額を控除した残額が国内で源泉徴収される（差額徴収方式）。外国税額控除の適用はない。

**注** 外国通貨で支払を受けた利子等の換算レートは TTB で、基準日は次のとおりである。
- 記名の国外公社債等の利子等 ……支払開始日として定められた日
- 無記名の国外公社債等の利子等……現地保管機関等が受領した日

### ② みなし外国税額控除

特定公社債等についてみなし外国税額控除の適用を受ける場合は確定申告が必要である。一般公社債等は差額徴収方式が適用されるため、原則として手続は不要。

**注** みなし外国税額控除とは、当該債権が発行された国の税率が日本の税率より低い場合、実際には支払っていない外国税額を同じ税率で支払ったものとみなして、日本で納める所得税または法人税から控除するものである。

第 8 章

**215**

## (2) 売買・償還差損益に対する課税

外貨建て債券の売買・償還差損益に対する課税は、原則として為替差損益を含めて国内公社債と同様の取扱いとなる。

# ❹ 外国株式の課税関係

## (1) 配当金に対する課税

国内株式の配当金と同様、原則は配当所得として総合課税の対象となる。外国株式の配当金を国内の配当金支払事務取扱者（日本国内にある金融商品取引業者）を通じて支払を受ける場合には、国内株式の配当金と同様に所得税が源泉徴収（住民税は特別徴収）される。国内での源泉徴収金額は、国外での配当金の金額から国外で源泉徴収された外国所得税を控除した後の金額を基に計算する。

**注** 日本は主要国と租税条約を結んでおり、非居住者が受ける配当に対する租税条約の制限税率は、多くの国で15％（米国は10％）となっている。

これらの外国株式の配当金に対しては、国内株式の配当金と同様に、申告不要制度の適用がある。ただし、配当控除の適用はない。

一方、国内の配当金支払事務取扱者以外から配当金の支払を受ける場合には、源泉徴収ができないため申告不要制度の適用はない。

## (2) 売買損益に対する課税

原則として、国内株式の売買に対する課税と同様の扱いとなる。

# ❺ 外国投資信託（公募）の課税関係

会社型外国投資信託については外国株式と同様の課税関係となる。契約型外国投資信託については、原則として、国内投資信託と同様の課税関係となる。

例 題

**Q:**

《設例》

　Aさんの20XX年および20XX＋1年の国内公募株式投資信託の取引状況は以下のとおりである。

| 取引時期 | ファンド名 | 基準価額（1万口当たり） | | 取引口数 | 収益分配金 |
| --- | --- | --- | --- | --- | --- |
| | | 譲渡時 | 取得時 | | |
| 20XX年 | Sファンド | | 10,000円 | 1,000,000口 | |
| 20XX+1年 | Tファンド | | 10,000円 | 1,000,000口 | |
| 20XX+1年 | Sファンド | | | | 50,000円 |
| 20XX+1年 | Sファンド | 8,800円 | | 1,000,000口 | |
| 20XX+1年 | Tファンド | | | | 80,000円 |
| 20XX+1年 | Tファンド | 12,000円 | | 1,000,000口 | |

　なお、すべて同一の源泉徴収選択口座内での取引であり、収益分配金は課税前の金額である。また、Sファンドの収益分配金は全額、元本払戻金（特別分配金）であり、Tファンドの収益分配金は全額、普通分配金である。

《問》　Aさんの源泉徴収選択口座における20XX＋1年の源泉徴収される所得税額と特別徴収される住民税額を以下の手順に従って求めなさい。
　①　Sファンドの収益分配金に対する税額
　②　Sファンドの譲渡に対する税額
　③　Tファンドの収益分配金に対する税額
　④　Tファンドの譲渡に対する税額
　⑤　上記①～④を合算した税額

第8章

**A:** ..........................................................................................

┌─ 解答のポイント ─

収益分配金のうち元本払戻金（特別分配金）は非課税であること、源泉徴収選択口座内において譲渡益と譲渡損失の通算および譲渡損失と収益分配金の損益通算が行われることの理解が必要である（ただし、本問では譲渡損益を通算した結果、譲渡損失が生じないので収益分配金との損益通算は行われない）。

① Ｓファンドの収益分配金に対する税額

全額、元本払戻金（特別分配金）であることから、非課税である。なお、元本払戻金（特別分配金）の分だけ個別元本が減額される。本ケースでは1,000,000口に対して50,000円の元本払戻金（特別分配金）が支払われているので、１万口当たり500円のマイナスとなり、この時点で個別元本は１万口当たり9,500円（10,000円－500円）になる。

┌─ 注意点！

元本払戻金（特別分配金）が支払われるとその分だけ個別元本（取得費）は減額される。

② Ｓファンドの譲渡に対する税額

譲渡価格は１万口当たり8,800円、個別元本は上述のとおり9,500円に修正されているので、譲渡損益は以下のとおりマイナスとなり源泉徴収（特別徴収）される税額は生じない。

$$8,800円 \times \frac{1,000,000口}{10,000口} - 9,500円 \times \frac{1,000,000口}{10,000口}$$
$$= ▲70,000円$$

③ Ｔファンドの収益分配金に対する税額

収益分配金80,000円は全額、普通分配金であるので、所得税15.315％、住民税５％が源泉徴収（特別徴収）される。なお、年間を通じて最終的に、源泉徴収選択口座内に譲渡損の金額があれば損益通算される。

所得税：80,000円×15.315％＝12,252円
住民税：80,000円 × ５％＝4,000円

④ Tファンドの譲渡に対する税額

譲渡価額が1万口当たり12,000円、取得価額は10,000円なので以下のとおり譲渡益が生じる。

$$12,000円 \times \frac{1,000,000口}{10,000口} - 10,000円 \times \frac{1,000,000口}{10,000口}$$
$$= 200,000円$$

②の譲渡損（▲70,000円）と通算されるので以下の金額が課税対象になる。

200,000円 −70,000円＝130,000円

所得税：130,000円 ×15.315％＝19,909円（1円未満の端数切捨て）

住民税：130,000円 × 5 ％＝6,500円

⑤ 上記①〜④を合算した税額

③と④の税額を合計した額となる。

所得税：12,252円 ＋19,909円＝32,161円

住民税：4,000円 ＋6,500円＝10,500円

正解　所得税：32,161円　　住民税：10,500円

# 第9章

# セーフティネット

## 第1節

# 預金保険制度

　銀行や信託銀行、信用金庫、信用組合などが経営破綻に陥った場合、そこに預けてある預金などは預金保険機構によって保護される。これが預金保険制度である。政府系金融機関、対象金融機関の海外支店、外国銀行の在日支店は、この制度の対象外である。

## ❶ 対象となる商品

　預金保険の対象となる預金等を付保預金、対象とならない預金等を付保対象外預金という。具体的には以下のとおりである〔図表9-1〕。

〔図表9-1〕預金保険による保護の範囲

| 預金等の分類 | | | 保護の範囲 |
|---|---|---|---|
| 預金保険の対象預金等 | 決済用預金(※1) | 当座預金・無利息型（利息の付かない普通預金）等 | 全額保護 |
| | 一般預金等 | 有利息型普通預金、定期預金、通知預金、貯蓄預金、納税準備預金、定期積金、掛金、元本補てん契約のある金銭信託、金融債（保護預り専用商品に限る）等 | 合算して元本1,000万円までと破綻日までの利息等(※2)(※3)を保護<br>〔1,000万円を超える部分は、破綻金融機関の財産の状況に応じて支払われる（一部カットされることがある）〕 |
| 預金保険の対象外預金等 | | 外貨預金、譲渡性預金、金融債（募集債および保護預かり契約が終了したもの）等 | 保護対象外<br>〔破綻金融機関の財産の状況に応じて支払われる（一部カットされることがある）〕 |

（※1）決済用預金とは、「無利息、要求払い、決済サービスを提供できること」という3条件を満たすものである。
（※2）定期積金の給付補てん金、金銭信託における収益の分配等も利息と同様保護される。
（※3）金融機関が合併を行ったり、事業のすべてを譲り受けた場合には、その後1年間に限り「1,000万円×合併等に関わる金融機関の数」による金額が保護の対象となる。

第
9
章

① **付保預金**

- 預金（当座預金、普通預金、別段預金、通知預金、納税準備預金、貯蓄預金、定期預金）

**注** 通常の預金よりも利回りが高い「仕組預金」は、利息上乗せ分は付保対象外

- **定期積金**、掛金
- 元本補てん契約のある金銭信託（ビッグ等の貸付信託を含む）
- 金融債（保護預かり専用商品に限る）

② **付保対象外預金**

- 外貨預金、譲渡性預金、オフショア預金、元本補てん契約のない金銭信託（ヒット等）、金融債（募集債および保護預かり契約が終了したもの）
- 日本銀行からの預金（国庫金を除く）、金融機関から受け入れた預金（確定拠出年金の積立金の運用部分を除く）、預金保険機構から受け入れた預金

**注** 確定拠出年金の積立金のうち、預金保険による保護の対象となる預金等で運用されているものは、保護の対象となり、確定拠出年金の運用に係る預金等は、預金者である信託銀行等の資産管理機関等の預金等としてではなく、積立てを行っている個人の預金等として保護される。なお、積立てを行っている個人自身が預金者である預金等が別途ある場合には、そちらが優先的に保護される。

- 無記名預金、他人名義預金（架空名義預金を含む）、導入預金など

## ❷ 制度の基本的な仕組み

## (1) 資金援助方式と保険金支払方式

　基本的な制度の枠組みは、以下の2つの方法により預金等を保護するものである〔図表9-2〕。

　　①　金融機関が合併・事業譲渡等によって付保預金を引き継ぐ場合に、預金保険機構が当該譲受金融機関に対して資金援助する（資金援助方式）。

　　②　そうした金融機関が現れない場合には、1預金者の当該金融機関に対する預金のうち一定の金額までについては、預金保険機構が当該の金融機関に代わって保険金を支払う、いわゆるペイオフが実施される（保険金支払方式）。

**注** 法人および権利能力なき社団・財団以外の団体である「任意団体」名義の預金等は、1預金者とならず、その構成員の預金等として、持分に応じて分割され、当該構成員が当該金融機関に預金等を有している場合はこれと合算される。マンション管理組合については、登記等により、建物区分所有法47条に基づ

〔図表9-2〕預金保険制度の仕組み

（1）資金援助方式

（2）保険金支払（ペイオフ）方式

き法人格を有する場合や、「権利能力なき社団・財団」と認められる場合は、1預金者となり、マンション管理組合名義の預金等はマンション管理組合の預金等として名寄せされる。

　すなわち、金融機関の破綻に際しては、必ずしも預金保険機構が直接預金者に対して保険金を支払うというペイオフが実施されるというわけではなく、実際には、当該金融機関を合併する意思のある譲受金融機関の登場を待って、その合併を援助するために預金保険機構が資金援助を行うことが優先される。

　なお、譲受金融機関が現れない場合を想定して、承継銀行（ブリッジバンク）制度が導入されている。承継銀行は預金保険機構の子会社として設立される。預金保険機構は承継銀行の業務に必要な資金の貸付、債務の保証、業務の実施により生じた損失補てんを行うことができる。

## (2) 預金保険制度の骨子

　預金保険制度について、現在の内容骨子は以下のとおりである。

- 一般預金等については**元本1,000万円とその利息**等について保険金支払の対象となる。金融機関が破綻、ペイオフが実施される場合でも「元本1,000万円とその利息等までが保護される」ということであって「元本1,000万円を超える部分とその利息等は払い戻されない」ということではない。1,000万円超の部分は当該金融機関の資産、自

己資本などの状況を精査したうえで概算払率を決めて、預金者に払い戻すことになる。

- 「無利息、要求払い、決済サービスを提供できること」という3条件を満たす決済用預金に限り、全額保護の対象となる。なお、決済用預金は、金融機関が支払う預金保険料について、ほかの預金よりも高い料率が適用されている。

  預金が複数あり、その元本合計金額が1,000万円を超えている場合には、どの預金から優先的に保証が適用されるかが決まっている。まず、借入担保などの対象になっている預金は最も優先度が低い。担保に入っていない預金の中では、満期が早く到来する預金、満期が同じであるなら預金金利が低い預金が優先されることになっている。

  預金と借入れがある場合には、借入約定等の特約により相殺が禁止されている場合を除きそれを相殺することができる。例えば2,500万円の預金に対して借入れが1,800万円ある場合には、預金者からの相殺の意思表示後、その差額の700万円と利息が保護される。

- 金融債については、個人向け販売分の金融債（権利者を確知できるものに限る）についても支払の対象となっている。これは、預金者にとってみれば預金と似たような感覚で購入されている個人向け金融債などについても、預貯金と同様のセーフティネットを適用するのが妥当だとの判断が優先されたためである。また、公金預金についても対象となっている。

- 普通預金については、預金者への払戻金が確定する前に、預金保険機構は預金者の請求により、暫定的に1口座当たり上限60万円の仮払金を支払うことがある。

  その後、速やかに当該金融機関の清算見込み額が算定され、これに基づいて預金者に対して概算払いが行われる。算定にあたり、金融機関の破綻後に死亡した被相続人の預金については、被相続人の預金等として名寄せされる。その後、最終的に確定した清算額が概算払い額を上回ることが明らかになった時点で、追加払いが行われる。

ペイオフに伴う保険金の支払時期については、各金融機関ともに名寄せのシステムが完備されているため、保証額の範囲内での払戻しに要する期間は原則として数日から1週間未満とみられる。一方、1,000万円の保証額を超える部分ならびにその利息等についての支払は数カ月以上かかるとみられることから、この場合には支払金額が正確に把握できる前の段階で、その確定するとみられる金額の一部を概算払いとして支払うことが想定されている。

## (3) 農水産業協同組合貯金保険制度およびゆうちょ銀行の貯金の保護制度

　また、農協等が扱っている各種貯金についても、以上の預金保険制度と類似する**農水産業協同組合貯金保険制度**が設けられている。同制度にも、貯金保険機構が貯金者に直接保険金を支払う方式（ペイオフ方式）と破綻した農水産業協同組合を健全な組合に移管するに際して必要な資金を援助する方式（資金援助方式）の2つがある。保護される貯金等の限度額など保護の内容やその実施時期などについても、**預金保険制度**と**同じ**である。

　なお、民営化**後**にゆうちょ銀行に預け入れられた定期貯金や民営化前に預入れした通常貯金などについては、他の金融機関と同じく**預金保険制度**の**保護対象**となっている。なお、振替口座の預り金（振替貯金）は利息が付かないため、決済用預金として全額が保護される。

## 実務上のポイント

- 個人事業主の事業用の預金と事業用以外の預金は、同一人の預金として合算して元本1,000万円までとなる。
- 確定拠出年金の積立金の運用に係る預金と加入者個人の預金では、加入者個人の預金を優先して保護する。
- 決済用預金である無利息型普通預金は、預入額の全額が預金保険制度による保護の対象となる。
- 国内銀行に預け入れた外貨預金は、預金保険制度による保護の対象とならない。

## 第2節

# その他の保護制度

## ❶ 金融商品取引業者破綻時の預かり資産の取扱い

　金融商品取引業者が破綻した場合であっても、金融商品取引業者は投資者から預かった株式、債券等の有価証券については**分別管理**することが、投資者から預かった有価証券の売買代金については信託銀行等に信託することが、金融商品取引法上義務付けられており、投資者保護が図られている。

　さらに、金融商品取引業者が有価証券や預託金を弁済することが困難な場合には、国内で第1種金融商品取引業（電子記録移転権利等に係るものを除く）を営む金融商品取引業者が加入を義務付けられている日本投資者保護基金が**一般顧客**（金融機関や国、地方公共団体など、いわゆる「プロの投資家」を除いた顧客）の資産について補償を行う。

　ただし、金融商品取引業者破綻時の投資家資産は、元来、元本価額が変動する商品なので銀行預金のように元本が保護されているわけではない。一般顧客1人当たり1,000万円を限度として補償される（1,000万円を超える場合は1,000万円が支払われる）。

　なお、銀行などの証券会社以外の金融機関は、日本投資者保護基金の会員ではないため、銀行などで購入した投資信託は日本投資者保護基金の補償対象にはならない。

## ❷ 投資信託会社破綻時の投資信託の取扱い

　投資信託の信託財産は、投資信託委託会社や販売会社が管理しているのではなく、投資信託委託会社と投資信託契約を結んだ受託者（信託銀行等）が、信託銀行等の本体資産とは別に管理している（分別管理）。したがって、投資信託委託会社が破綻した場合でも、信託財産は信託銀行等で保全される。その後の信託財産の運用は、他の投資信託委託会社に引き継がれるか、引き継がれずに繰上げ償還されることとなる。

## ❸ 保険契約者保護機構

　保険会社の破綻時においては、保険契約者にとってその保障内容などがそのまま維持されることが第一義的に考えられている。そのため、保険会社の破綻に際しては既存の保険契約を継続すべく、他の保険会社にその契約を移転、承継されることが基本になっている。

　保険会社が破綻した場合、その保険会社の資産はそれまで積み立てられてきた責任準備金の金額を下回ることになるため、そのまま保険契約を他の会社に移転しても保障は維持されない。このため、その不足資金を補てんする機能を果たすのが保険契約者保護機構であり、生命保険契約者保護機構と損害保険契約者保護機構が設立されている。

## 実務上のポイント

- 銀行で購入した有価証券（投資信託など）は、投資者保護基金の補償の対象とならない。
- 国内証券会社が保護預かりしている一般顧客の外国株式は、投資者保護基金による補償の対象である。

# 第 **10** 章

# 関連法規

# 金融サービス提供法

　金融サービスの提供および利用環境の整備等に関する法律（金融サービス提供法（旧金融商品販売法））は、元本割れのリスクがある金融商品を類型化して取り上げ、販売業者に対する元本割れ等の説明義務を明確化したうえ、説明義務違反によって顧客が損害を被った場合には、顧客が被った損害額についての立証負担を軽減し顧客の救済を容易にしようとしている（民法の不法行為の特則）。

## ❶ 金融サービス提供法の概要

　旧金融商品販売法は2020年6月5日改正され、改正法が2021年11月1日から施行された。施行後は金融サービス提供法と改称され、同法の「第二章　金融商品の販売等」中に旧金融商品販売法の定めていた内容が規定されているが、民法の特則として旧金融商品販売法が定めていた各条項から実質的な変更は加えられていない。ただし、金融サービス仲介業が新たに定められたことから（金融サービス提供法第三章）、金融商品販売業者等に金融サービス仲介業者も含まれることになった。なお、金融サービス提供法の正式名称は2024年2月1日から「金融サービスの提供及び利用環境の整備等に関する法律」となった。

　金融サービス提供法では、（ⅰ）金融商品については、預貯金、信託、保険、有価証券等を幅広く対象とし、今後登場する商品については政令で定め、（ⅱ）説明義務を負うのは、金融商品の販売業者のみならず、その取次ぎ・媒介・代理を行う者（金融商品販売業者等）も含まれること、（ⅲ）金融商品販売業者等に対し、金融商品の有するリスク等にかかる重要事項の説明を義務付けることとし（ただし、顧客が特定顧客である場合や、顧客が説明を要しない旨の意思の表明をした場合は、重要事項の説明は不要）、（ⅳ）金融商品販売業者等が顧客に重要事項を説明しなかったとき、または、断定的判断の提供等を行ったときは、顧客は金融商品販売業者等に対し損害賠償を請求することができるが（無過失責任）、当該請求をする場合、元本の欠損額をそのときに顧客が被った損害額と推定す

ることとともに、（ⅴ）金融商品販売業者等に対して勧誘の適正の確保を要請し、一定の勧誘方針の策定・公表を義務付けている。

すなわち、民法の原則に対して、業者が無過失責任を負う点、権利侵害（違法性）と損害との間の因果関係ならびに損害額が推定される点で特則となっている。

金融サービス仲介業は、預金等媒介業務、保険媒介業務、有価証券等仲介業務または貸金業貸付媒介業務のいずれかを業として行うこととされている。

また、金融サービス仲介業者は、顧客から求められたときは、金融サービス仲介業務に関して受ける手数料、報酬その他の対価の額を明らかにしなければならない。なお、金融サービス仲介業者は、顧客の保護に欠けるおそれが少ない一定の場合を除き、その行う金融サービス仲介業に関して、顧客から金銭その他の財産の預託を受けることが禁止されている。

## ❷ 説明義務の具体的内容

金融サービス提供法における「金融商品」とは、預貯金、信託商品、保険、有価証券、金融先物、デリバティブ取引、外国為替証拠金取引などを指し、「金融商品販売業者等」とは、預貯金取扱金融機関（銀行、信用金庫、信用組合、労働金庫、農業協同組合、漁業協同組合など）および証券会社、保険会社（代理店を含む）、抵当証券会社、商品ファンド販売業者、金融サービス仲介業者等を指す。

また、金融商品販売業者等が金融商品販売にあたり説明を行うべき「重要事項」の内容としては、以下のようなものがある。

- 金利、通貨の価格、金融商品市場における相場その他の指標に係る変動を直接の原因として元本欠損が生ずるおそれがあるときはその旨、当該指標および当該金融商品の販売に係る取引の仕組みのうちの重要部分
- 金利、通貨の価格、金融商品市場における相場その他の指標に係る変動を直接の原因として当初元本を上回る損失が生ずるおそれがあるときはその旨、当該指標および当該金融商品の販売に係る取引の仕組みのうちの重要部分
- 当該金融商品の販売を行う者等の業務または財産の状況の変化を直接の原因として元本欠損が生ずるおそれがあるときはその旨、当該者および当該金融商品の販売に係る取引の仕組みのうちの重要部分
- 当該金融商品の販売を行う者等の業務または財産の状況の変化を直接の原因として当

初元本を上回る損失が生ずるおそれがあるときはその旨、当該者および当該金融商品の販売に係る取引の仕組みのうちの重要部分

● 権利行使期間または契約解除期間の制限があるときはその旨

金融商品販売業者等が重要事項の説明義務または断定的判断の提供等の禁止に違反した場合は、損害賠償責任を負い、損害額は元本欠損額と推定される。また、金融商品販売業者等が無過失を主張しても免責されない。さらに、業者が説明義務を尽くしたかどうかの解釈基準として**適合性の原則**の考え方が取り込まれており、説明は、顧客の知識、経験、財産の状況および契約締結の目的に照らして、当該顧客に理解されるために必要な方法および程度によるものでなければならない。また、同時に、業者は、顧客に対して、不確実な事項について断定的判断を提供し、または確実であると誤認させるおそれのあることを告げてはならない（**断定的判断の提供等の禁止**）。

ただし、顧客が「金融商品の販売等に関する専門的知識および経験を有する者として政令で定める者」（特定顧客）に該当する場合、または顧客が「重要事項について説明を要しない旨」を表明した場合は、金融商品販売業者等は重要事項の説明義務を免除される（免除されるのは重要事項の説明義務であって、断定的判断の提供等の禁止は免除されない）。

なお、金融商品取引法が特定投資家制度を新たに創設したことに伴い、同法上の特定投資家（プロ）は特定顧客とされた。よって、特定投資家に対して金融サービス提供法上の重要事項の説明義務は免除されることになる。

## ❸ 勧誘方針の策定等

金融サービス提供法は、顧客に業者選択の材料を提供し、市場原理を通じた勧誘の適正が確保されることを目的として、「金融商品販売業者等は、業として行う金融商品の販売等に係る勧誘をするに際し、その適正の確保に努めなければならない」旨を規定して、自主的な努力を啓発している。

また、以下の事項について、業者は勧誘方針を策定し、速やかにこれを公表しなければならないと規定している。

① 勧誘の対象となる者の知識、経験、財産の状況および当該金融商品の販売に係る契約を締結する目的に照らし配慮すべき事項

② 勧誘の方法、時間帯に関し、勧誘の対象者に配慮すべき事項

③　その他勧誘の適正の確保に関する事項

# 実務上のポイント

・金融商品販売業者等は、金融商品の販売が行われるまでの間に、顧客に対しリスク等に係る重要事項の説明を行うことが義務付けられているが、顧客から重要事項の説明は不要であるとの申出があった場合や特定顧客の場合には、金融商品販売業者等は重要事項の説明を行わなくてよい。

・金融商品販売業者等が重要事項の説明義務、断定的判断の提供等の禁止に違反し、顧客に損害が生じた場合、損害賠償責任を負う。

# 消費者契約法

　消費者契約法は、消費者と事業者との間に存在する、契約取引等に関する構造的な情報の質、量や交渉力の格差に鑑み、事業者の勧誘時の行為によって消費者が誤認、困惑した場合に契約の取消しができるとするとともに、消費者の利益を不当に害することとなる条項を無効とすることを規定している。

　ここでいう「事業」とは、営利を目的とする事業に限らず、「自己の危険と計算によって、一定の目的をもって同種の行為を反復継続的に行うものを広く対象とし、社会通念に照らし、客観的に事業の遂行とみることができる程度のものをいう」。つまり、法人はすべて「事業者」に含まれ、個人でも、事業としてまたは事業のために契約の当事者となる場合は「事業者」に含まれる。なお、消費者契約法は、2022年5月25日に改正され、改正法が2023年6月1日に施行された。

## ❶ 契約の取消し

　消費者契約法では、事業者と消費者間で締結された契約が取り消される場合が、以下のとおり規定されている。

① 事業者が重要事項について事実と異なることを告げ、消費者が当該告げられた内容が事実であると誤認し、それによって当該消費者契約の申込みまたはその承諾の意思表示をした場合（不実告知）

② 事業者が将来における変動が不確実な事項について断定的判断を提供し、消費者が当該提供された断定的判断の内容が確実であると誤認し、それによって当該消費者契約の申込みまたはその承諾の意思表示をした場合（断定的判断の提供）

③ 事業者が、消費者にある重要事項等について消費者の利益となる旨を告げ、かつ、当該重要事項につき消費者に不利益となる事実を、故意または重大な過失により告げなかったことによって、消費者が当該事実が存在しないとの誤認をし、それによって

当該消費者契約の申込みまたは承諾の意思表示をした場合（不利益事実の不告知）

④　事業者が勧誘をするに際し、消費者に対して下記に掲げる行為をしたことにより当該消費者が困惑し、それによって当該消費者契約の申込みまたはその承諾の意思表示をした場合（困惑類型）

- 勧誘することを告げずに退去困難な場所へ同行
- 威迫する言動を交え、相談の連絡を妨害
- 消費者の住居等からの事業者の不退去・勧誘場所への消費者の監禁
- 消費者の社会生活上の経験不足の不当な利用があった場合として、不安をあおる告知および恋愛感情等に乗じた人間関係の濫用
- 消費者の加齢等による判断力の低下の不当な利用
- 霊感等による知見を用いた告知
- 契約締結前に契約により事業者が負うことになる債務の内容を実施または契約の目的物の現状を変更等

⑤　事業者が消費者契約の締結について勧誘をするに際し、物品、権利、役務その他の当該消費者契約の目的となるものの分量、回数または期間（分量等）が当該消費者にとっての通常の分量等を著しく超えるものであることを知っていた場合（過量な内容の契約）

ここでいう「重要事項」とは、社会通念上、消費者契約締結時に契約を締結しようとする一般平均的な消費者が、契約を締結するか否かの判断を左右すると客観的に考えられる契約の基本的事項を指し、下記が列記されている。

- 物品、権利、役務その他の当該消費者契約の目的となるものの質、用途その他の内容であって、消費者の当該消費者契約を締結するか否かについての判断に通常影響を及ぼすべきもの
- 物品、権利、役務その他の当該消費者契約の目的となるものの対価その他の取引条件であって、消費者の当該消費者契約を締結するか否かについての判断に通常影響を及ぼすべきもの
- その他、物品、権利、役務その他の当該消費者契約の目的となるものが当該消費者の生命、身体、財産その他の重要な利益についての損害または危険を回避するために通常必要であると判断される事情

上記取消事由はいずれも、従前の判例で損害賠償が認められてきた類型であり、取消しだけでなく損害賠償の請求も妨げられない。

なお、取消権行使期間は、「追認をすることができる時」、すなわち誤認に気づいた時も

第10章

**235**

しくは困惑を免れた時から1年または契約締結時から5年とされている。

## ❷ 契約の無効

　消費者契約法では、契約の取消しとともに、事業者と消費者間で締結された契約の条項が無効となる場合等が以下のとおり規定されている。

- 事業者の債務不履行または不法行為等によって消費者に生じた損害を賠償する責任の全部または一部（ただし、一部の場合は事業者の故意または重過失によるもの及び免除が重過失を除く過失にのみ適用されることを明らかにしていないものに限定）を免除する条項、あるいは、有償契約である消費者契約の目的物に隠れた瑕疵がある場合にその瑕疵により消費者に生じた損害を賠償する事業者の責任の全部を免除する条項、または当該事業者にその責任の有無・限度を決定する権限を付与する条項
- 事業者の債務不履行により生じた消費者の解除権を放棄させる、または当該事業者にその解除権の有無を決定する権限を付与する条項
- 消費者が後見開始、保佐開始または補助開始の審判を受けたことのみを理由とする解除権を事業者に付与する条項
- 消費者契約の解除に伴う損害賠償額を予定し、または違約金を定める条項であって、これらを合算した額が、当該条項において設定された解除の事由、時期等の区分に応じ、当該消費者契約と同種の消費者契約の解除に伴い、事業者に生ずべき平均的な損害の額を超えるものは、その超える部分
- 消費者契約に基づき支払うべき金銭の全部または一部を消費者が支払期日（支払回数が2以上である場合には、それぞれの支払期日）までに支払わない場合における損害賠償額を予定し、または違約金を定める条項であって、これらを合算した額が、支払期日の翌日からその支払をする日までの期間について、その日数に応じ、支払期日に支払うべき額から支払期日に支払うべき額のうち既に支払われた額を控除した額に年14.6%を乗じて計算した額を超えるものは、その超える部分
- 消費者の不作為をもって当該消費者が新たな消費者契約の申込みまたはその承諾の意思表示をしたものとみなす条項その他の法令中の公の秩序に関しない規定の適用による場合に比して消費者の権利を制限しまたは消費者の義務を加重する消費者契約の条項であって、民法第1条第2項に規定する基本原則に反して消費者の利益を一方的に害するもの

# 3 金融サービス提供法と消費者契約法の関係

顧客（消費者）は、1つの事案について両法に基づいて主張することができる。

消費者契約法は（消費者と事業者間の）契約の効力を中心に規定し、金融サービス提供法は説明義務違反に関する損害賠償額の推定等を中心に規定しているが、消費者保護という視点からは、両法は共通する。

ただし、消費者契約法が保護の対象を個人のみに限定しているのに対し、金融サービス提供法では個人であるか事業者であるかを問わず保護の対象となる〔図表10−1〕。

また、民法や商法と、金融サービス提供法および消費者契約法とは一般法と特別法の関係に立つことから、金融サービス提供法および消費者契約法に特段の定めがない事項については、一般法である民法や商法が適用される。

〔図表10−1〕 消費者契約法と金融サービス提供法の比較

| | 消費者契約法 | 金融サービス提供法 |
|---|---|---|
| 適用範囲 | 消費者と事業者の間で交わされる契約全般 | 金融商品販売に関わる契約 |
| 保護の対象 | 個人（事業のために契約する場合を除く） | 金融商品の販売の相手方 |
| 法律が適用される場合 | （1）重要な事項に関して誤認させた場合<br>●事実と異なることを告げる<br>●不確実な事項について断定的な判断を提供する<br>●不利益な事実を故意に告げない<br>（2）契約締結の勧誘に際し不退去、監禁があった場合<br>（3）過量な内容の契約<br>（4）消費者に不利な契約条項がある場合 | （1）重要事項の説明義務に違反した場合<br>〈重要事項〉<br>●元本欠損等を生ずるおそれの有無およびその原因<br>●権利行使期間の制限　など<br>（2）断定的判断の提供等を行った場合<br>〈断定的判断の提供等〉<br>●不確実な事項について断定的判断を提供し、または確実であると誤認させるおそれのあることを告げること |
| 法律の効果 | 契約の取消し、不当・不利益な契約条項の全部または一部無効 | 損害賠償請求 |
| 立証責任 | 民法の原則どおり、原告に立証責任 | 重要事項の説明がなかったことまたは、断定的判断の提供等があったこと、および元本欠損を生じたことは原告が立証しなければならないが、説明がなかったこと等によって損害が発生したことと、元本欠損額が損害額であることは、推定される |
| 民法との関係 | 意思表示の瑕疵の特則 | 不法行為の特則 |

# 実務上のポイント

- 消費者契約法により、消費者は、事業者の不適切な行為により誤認または困惑をして契約を締結した場合、その契約を取り消すことができる。
- 消費者契約法により、消費者契約において消費者の利益を不当に害する一定の条項については、その全部または一部が無効とされている。

## 第3節 その他法制度とコンプライアンス

### ❶ 犯罪収益移転防止法

　犯罪による収益の移転防止に関する法律（**犯罪収益移転防止法**）は、犯罪組織等によるマネーロンダリング（資金洗浄）の防止を目的とする法律である。

　犯罪収益移転防止法において、取引時確認、取引時確認記録・取引記録の作成・保存および疑わしい取引の届出が義務付けられる事業者の範囲は、金融機関等に加えファイナンスリース事業者、クレジットカード事業者、宅地建物取引業者、宝石・貴金属等取扱事業者、郵便物受取サービス業者、電話受付代行業者なども含まれる。

　同法では、金融機関等が顧客等との間で預貯金口座の開設や大口現金取引等を行う際に、顧客の氏名、住所、生年月日（顧客が法人の場合は名称、本店等の所在地）の本人特定事項に加え、取引を行う目的、顧客の職業（個人の場合）・事業の内容（法人の場合）、顧客が法人である場合において、その事業経営を実質的に支配することが可能となる関係にある者がいる場合には、その者の本人特定事項を、運転免許証その他の公的書類の提示を求める等の方法によって確認すること（取引時確認）と、取引時確認および取引に係る記録を作成し、顧客との取引関係の終了時から7年間保存することを義務付けている（取引時確認記録・取引記録の作成・保持）。また、顧客に対しても、金融機関等が取引時確認を行う際に虚偽を申し立てることを禁止している（虚偽申告の禁止）。なお、2020年4月1日より、本人特定事項の確認が厳格化されている。

　さらに、**10万円を超える現金**送付等を行う際に、金融機関等に対して送付人の**取引時確認**等の実施も義務付けている〔図表10－2〕。

　また、マネーロンダリングのリスクの高い取引（ハイリスク取引）には、厳格な確認が必要とされ、200万円を超える財産の移転を伴う取引の場合は、資産および収入の状況の確認も必要とされている。

〔図表10−2〕 10万円を超える振込の取扱い

| 現金での振込 | ATM | 振り込めない |
|---|---|---|
| | 窓口 | 振り込めるが、運転免許証、健康保険証などの本人確認書類の提示が必要 |
| 預貯金口座からの振込 | ATM | 振り込めるが、口座開設時に取引時確認の手続が済んでいない場合は振込ができないことがある |
| | 窓口 | |

〔図表10−3〕 預金者保護法による補償範囲と補償割合

| | 過失なし | 軽過失あり | 故意または重大な過失[※1]があった場合 |
|---|---|---|---|
| 偽造カード被害 | 全額補償 | | 補償対象外 |
| 盗難カード被害 | 全額補償[※2] | 被害金額の75％まで補償[※2] | |

（※1）重大な過失とは、他人に暗証番号を知らせたり、キャッシュカードに暗証番号を書き記していた場合等
（※2）被害にあった日から30日以内に金融機関に届け出た場合に適用

# ❷ 預金者保護法

　偽造カード等および盗難カード等を用いて行われる不正な機械式預貯金払戻し等からの預貯金者の保護等に関する法律（預金者保護法）は偽造カードや盗難カードを用いた不正な機械式預貯金払戻し等による犯罪被害から預貯金者を保護することを目的とする法律である。預金者保護法では、預貯金者の過失に応じて補償の割合が定められている〔図表10−3〕。なお、預貯金者の過失の有無についての立証責任は金融機関にある。

　また、盗難通帳やインターネット・バンキングによる預金等の不正払戻しについては、預金者保護法の対象外であるが、全国銀行協会や全国信用金庫協会などの業界団体において、預金者保護法に準じた補償を行う旨のルールが策定されている。

　キャッシュカードによる預金等の不正払戻しについては、金融機関から生年月日等の他人に類推されやすい暗証番号を別の番号に変更するように複数回にわたる働きかけが行われたにもかかわらず、引き続き、生年月日等を暗証番号にしていた場合、顧客の過失とされるが、重大な過失とまでは認められないため、偽造は全額・盗難は被害額の75％まで補償対象となる。

# ❸ 金融商品取引法

　金融商品取引法の目的は、金融・資本市場を取り巻く環境の変化に対応して、投資者保護の横断的な法制を整備することで利用者保護ルールを徹底し、利用者の利便を向上させるとともに、「貯蓄から投資」に向けての市場機能を確保し、金融・資本市場の国際化への対応を図ることにある。

## (1) 一般投資家と特定投資家

　金融商品の内容や取引に詳しくないと想定される一般投資家と、プロである特定投資家に応じて異なる規制が設けられている。一般投資家に対する販売・勧誘の際に適用される広告等規制（利益見込み等が著しく事実に相違する表示をすること等を禁止）、**書面交付義務**（契約締結前、契約締結時等）、**適合性の原則**（顧客の知識、経験、財産の状況および契約を締結する目的に照らして不適当と認められる勧誘を行ってはならないという原則）および不招請勧誘等の禁止規定は、**特定投資家**に対しては**適用されない**。

## (2) 開示義務

　金融商品取引法は、企業内容に係る報告書の継続開示を上場企業に対する法律上の義務と規定した。また、投資者保護の徹底と証券市場に関する国民の信頼を保護するため、インサイダー取引や有価証券報告書等の虚偽記載、あるいは「見せ玉」（売買が頻繁に行われているように見せかけるため架空の注文を出し、約定が成立しそうになると取り消すこと）等に対して罰則を設けている。

　上場している企業は、継続開示企業として財務情報を開示している。これらには、株主に送られる営業（事業）報告書や新聞に公告される決算情報等があり、金融庁（「EDI-NET」）、各金融商品取引所（東証の場合は「上場会社情報サービス」）や日本証券業協会（「適時開示情報閲覧サービス」）および発行会社のホームページにも掲載されるので、インターネットを利用して入手することも可能である。また、株式の公募や売出しが行われる場合には、有価証券報告書が内閣総理大臣に提出され、これに基づく目論見書による企業情報開示および投資勧誘が行われる。

## (3) インサイダー取引の禁止

　上場企業と一定の関係がある者（取締役等）を公開される前の企業情報を入手できる可

## 〔図表10-4〕インサイダー取引の規制対象

| 規制対象となる有価証券 | ・株式<br>・新株予約権付社債（転換社債型新株予約権付社債）<br>・新株予約権証券（ワラント）・他社株交換可能社債（EB）<br>・普通社債(※) など |
| --- | --- |
| 規制対象となる会社関係者および情報受領者 | ・発行会社の役職員（パートおよび派遣職員を含む）<br>・上場会社等の帳簿閲覧権を有する株主や社員<br>・関係会社、関係会社の役員、元会社関係者（会社関係者でなくなった後１年以内の者）<br>・発行会社と契約を締結している者（取引銀行、公認会計士、引受証券会社、取引先、弁護士、通訳など）または締結交渉中の者<br>・上記の会社関係者から重要情報を受領した者（第一次情報受領者） など |

（※）普通社債については、一定の重要事実に限る。

能性のある者として内部者（インサイダー）と称する。これらの者が公開前の企業情報に基づく投資を行うことは、内部者取引（インサイダー取引）として規制されている。インサイダー取引に当たるかどうかは取引による利益の額や損失にかかわらず判断される。

　発行会社の役職員等の会社関係者等（会社関係者でなくなって**１年**以内の者を含む）がその立場において知り得た重要事実（募集株式等の募集等の決定事実、上場廃止等の原因となる事実等の発生事実、業績予想等の決算情報、その他会社の運営または業務もしくは財産に関する投資者の判断に影響を及ぼす情報）に基づいて株式等を売買すると、一般の投資者はきわめて不利な状況下に置かれることになる。そこで、**金融商品取引法**では、投資家の信頼確保と証券市場の健全性確保等を目的として、内部者の立場で知り得た重要事実に基づく有価証券の売買を**禁止**している。

　これに違反すると、５年以下の懲役または500万円以下の罰金、もしくは、その両方が科され、その取得した財産は没収されることになる。法人がそのような有価証券の売買を行った場合には５億円以下の罰金が科せられる。また、刑事罰のほかに、行政上の措置としての課徴金がインサイダー取引に課せられる。

　インサイダー取引の規制対象は〔図表10-4〕のとおりである。

　ただし、次のいずれかの方法により重要事実が公表されることにより、インサイダー取引規制上の重要事実ではなくなる。

① **発行会社の代表取締役等が、２つ以上の報道機関に公開してから12時間以上経過**
② **所定の手続に基づき上場する金融商品取引所の運営するホームページ（TDnet）に掲載**
③ **有価証券報告書、半期報告書、四半期報告書、臨時報告書、訂正報告書等が公衆縦覧**

なお、原則として、役職員等に割り当てられた新株予約権（ストックオプション）の行使による株式の取得、従業員持株会を通じた株式の取得、株式累積投資契約に基づく株式の取得（金額等の変更を除く）、無償で行われる贈与や相続による上場株式の取得は、インサイダー取引には該当しない。ただし、新株予約権（ストックオプション）の行使により取得した株式を売却することは、インサイダー取引に該当する。

## (4) 投資助言・代理業、投資運用業に関するコンプライアンス

FPのプランニングのうち金融資産の運用設計、とりわけ有価証券を用いた資産のプランニングを行う際は、投資助言・代理業、投資運用業との境界を考える必要がある。金融商品取引法は、金融商品取引業者として登録を受けずに投資助言・代理業や投資運用業を行うことを禁じており、登録を受けていないFPは同業を営むことはできない（違反すると、**5年以下の懲役または500万円以下の罰金**）。

例えば、投資助言・代理業について、金融商品取引業者の登録を受けていないFPが顧客から有価証券投資について相談を受けて助言を行った場合、同助言は、「有価証券の経済的価値を分析した結果、それを前提としてなされた顧客の判断に関する助言」と評価され、金融商品取引法違反となる可能性がある。

なお、投資運用業は相当な財産的規模と相応のファンドマネジャーが存在する株式会社でなければ事実上行うことは難しく、個々のFPが取り扱える分野ではない。

## (5) 有価証券の売買等に関するコンプライアンス

金融商品取引法においては、証券会社や登録金融機関業務を行う金融機関（またはその役員もしくは使用人）に対し、有価証券の売買等の取引に関連し、その価格が騰貴または下落するといった断定的判断の提供等による勧誘の禁止や有価証券の買付等について、顧客の知識、経験、財産の状況および金融商品取引契約締結の目的に照らして不適当と認められる勧誘を行うことのないように求める適合性の原則が定められている〔**図表10−5**〕。

## (6) 金融 ADR 制度

ADRとは、裁判外紛争解決制度の略称であり、訴訟手続に替わるあっせん、調停、仲裁等、当事者の合意に基づく紛争解決方法である。

### ① 金融 ADR 制度の目的・特徴

金融ADR制度の目的は、金融商品・サービスに関する苦情処理・紛争解決を行う法人・団体を主務大臣が指定し、紛争解決の中立性・公正性を確保しつつ、金融商品取引業

〔図表10－5〕 金融商品取引業者等が有価証券の販売や勧誘を行う際に遵守すべき主な行為

| | |
|---|---|
| 広告等規制 | 広告等には、金融商品取引業者等の名称および登録番号、手数料等、元本損失または元本超過損が生ずるおそれがある旨、その原因となる指標およびその理由、重要事項について顧客の不利益となる事実などを記載する。 |
| 契約締結前の書面交付義務 | 金融商品取引契約を締結しようとするときは、あらかじめ顧客に対し、重要事項を記載した契約締結前交付書面を交付する。 |
| 契約締結時の書面交付義務 | 金融商品取引契約が成立したときは、遅滞なく、契約締結時交付書面を交付する。 |
| 不招請勧誘等の禁止 | 店頭金融先物取引契約の締結の勧誘の要請をしていない顧客に対し、訪問してまたは電話をかけて勧誘してはならないなど。 |
| 適合性の原則の遵守 | 顧客の知識、経験、財産の状況、投資目的に照らして不適当と認められる勧誘を行ってはならない。 |
| 損失補てん等の禁止 | 有価証券の売買等によって顧客に損失が生じた場合に、その損失を補てんすることを約する行為（損失保証）や損失補てんを行ってはならない。 |
| 断定的判断の提供等による勧誘の禁止 | 不確実な事項について断定的判断を提供し、または確実であると誤解されるおそれのあることを告げて勧誘してはならない。 |
| クロス取引（仮装売買）の禁止 | 同一人が、証券取引所の立会外取引において、同一の有価証券について、同数量の買い注文と売り注文を同一価格で発注して約定させること。取引所取引におけるクロス取引は、禁止行為である仮装売買と判断されるおそれがある。 |

者等に手続応諾や和解案の受諾等の対応を求め、業態ごとの紛争解決の実効性を確保することである。具体的には、以下の点に特徴がある。

- 行政庁は民間の法人・団体を紛争解決機関として指定・監督し、金融商品取引業者等は手続実施基本契約の締結義務を負う
- 金融商品取引業者等との間で生じたトラブル（「紛争解決」だけでなく「苦情処理」についても対象）について、利用者が紛争解決の申立てを行う
- 金融商品取引業者等は、申立てがあれば手続の応諾をしなければならない
- 指定紛争解決機関の委員が紛争解決手続を実施し、一定の拘束力をもった和解案（特別調停案）を提示することができる
- 金融商品取引業者等は、特別調停案等のもとで紛争解決を図らなければならない

指定紛争解決機関による紛争解決手続の内容は、当事者間の和解成立前後を問わず、法令上、非公開とされている。

### ② 金融ADR制度による金融商品取引業者等への影響

金融ADR制度において、金融商品取引業者等は原則として指定紛争解決機関が実施する苦情処理措置や紛争解決手続に応じ、特別調停案に拘束される。したがって、金融ADR制度は、顧客にとって、訴訟のマイナス面（立証の煩雑さ、訴訟経済および精神的負担等）から脱却でき、中立公正で実効性も担保されるADR制度として非常に有効な手段となり得る。

また金融商品取引業者等としても、紛争解決の迅速性等では非常にメリットがあると考えられる。ただし、金融ADR制度においては、苦情処理・紛争解決への対応について、主に金融商品取引業者等と指定ADR機関との間の手続実施基本契約によって規律されることから、指定ADR機関において苦情処理・紛争解決を行う趣旨を踏まえつつ、手続実施基本契約で規定される義務に関し、適切に対応する必要がある。また、中立公正な紛争解決委員が特別調停案を提示すると、原則として、その案を受諾する義務があるため、同案を受諾する場合の速やかな履行や、これを受諾しない場合の訴訟提起等の対応等、内部管理体制を整備する必要がある。2024年2月現在、指定ADR機関として全国銀行協会、信託協会、生命保険協会、日本損害保険協会、証券・金融商品あっせん相談センターなどの機関が指定を受けている。

## 実務上のポイント

- 犯罪収益移転防止法では、銀行等の預金口座の開設時、証券会社の取引口座の開設時、保険契約の締結時などの取引開始時や、200万円を超える振込、10万円を超える現金送金等において取引時確認が必要とされている。
- 上場会社等の契約締結者または締結交渉中の者、会社関係者でなくなってから1年以内の者もインサイダー取引の対象となる。
- 金融ADRとは、金融商品取引において金融機関と利用者との間で苦情・紛争が発生したときに、第三者である金融ADR機関が関わり、裁判以外の方法で迅速な解決を図る制度である。

# 語句索引

*memo*

memo

*memo*